KB190852

봄처럼 시처럼

봄처럼 시처럼

지 은 이   소종영
펴 낸 이   김현애
펴 낸 곳   예배와설교 아카데미
찍 은 날   2024년 11월 25일
펴 낸 날   2024년 12월 02일
펴 낸 곳   예배와설교아카데미

등 록 번 호   제18-90호(1998. 12. 3)
주   소   서울특별시 광진구 아차산로73길 25
홈-페이지   wpa.imweb.me
I S B N   979-11-93719-05-3

총 판 처   비전북
전   화   031-907-3927
팩   스   0505-365-3927

가   격   12,000원

봄처럼 시처럼

소종영

목 차

2부. 일어서면 길이 됩니다

3부. 내가 생각한 교회가 아니야

4부. 울림의 소명

머리말

책을 낼 생각은 아예 없었다. 그럴 재주도 없거니와 이름 석 자 걸고 책을 내다니, 언감생심이었다. 그러나 사람의 일이라고 하는 것이 내 맘대로 되질 않는다. 수도 없이 쏟아지는 세상의 책들 속에 또 한 권을 보태는 어리석은 일을 지금 하고 있으니 말이다.

교회 담임목사가 되어 쓴 10년의 칼럼 가운데 52개를 골랐다. 어쩌다 보니 봄 관련 글이 많다. 시인 흉내를 내느라 써본 몇 개의 시도 쉬어가는 의미로 끼워 넣었다. 그래서 책 제목이 『봄처럼 시처럼』이다. 봄처럼 깨어나며 살아볼 일이요, 시처럼 맑게 살아볼 일이라는 의미를 담았다.

이 책에 담은 글귀 하나가 어느 날 누군가의 마음을 울릴 수 있다면, 그리하여 주저앉은 이가 봄처럼 다시 일어서도록 돕거나 슬픈 이가 시처럼 맑음을 회복할 수 있도록 돕는 역할을 하면 그것으로 족하다.

야훼여,

내 마음은 교만하지 않으며

내 눈 높은 데를 보지 않사옵니다.

나 거창한 길을 좇지 아니하고

주제넘게 놀라운 일을 꿈꾸지도 않사옵니다.

(시 131:1, 공동번역)

2024. 12. 25.

성탄절에 가장골에서

소종영

제1부

그늘, 참 좋더이다

봄

봄이 하는 일

따스한 입김으로 겨울에게 예의 갖춰 살포시, 떠나주십
사 말하기
등 보이며 가던 겨울 다시 불러들여 한 번 더 놀다 가게
(꽃샘추위) 하기
찐하게 포옹하고 겨울과는 작별하기

비 뿌려, 잠든 지구의 한 귀퉁이 깨우기
언 땅 녹여 새싹 나오는 길 부드럽게 풀어주기
햇살 듬뿍 뿌려, 땅 뚫고 나온 녀석들 따스하게 감싸기

산꼭대기마다 아직 쌓인 눈, 툭툭 털어내기
눈 녹은 물 흐르는 '졸졸졸' 소리, 운치있게 높낮이 조
절하기
초록물감 예쁘게 풀어, 온 천지에 연초록 물들이기

길 떠나기 주저하는 겨울 철새들 다독여서 보내기
돌아오는 제비의 편한 비행 위해 남풍 불게 하기
개구리며 뱀이며 겨울잠 자는 녀석들 흔들어 깨우기

아침해 흔들어 깨워 몇 분씩이라도 일찍 떠오르게 하기
저장고에서 꺼낸 충분한 햇살과 바람, 길어진 낮시간에
풀어놓기
자꾸만 늦어지는 저녁, 예쁜 노을로 답하기

봄에 하는 일

모질었던 겨울, 잊어버리기
작년과는 다른 봄날, 기대하기
내가 생각했던 것보다 더 좋은 봄의 계절, 맞이하기

돌틈 사이 앙증맞은 꽃 한 송이 찾아내기
들리지 않던 파랑새의 지저귐을 상큼하게 들어보기
개나리가 먼저일지 진달래가 먼저일지 맞춰보기

목련꽃 그늘 아래에서 '베르테르의 편지' 읽어보기
흐드러지게 핀 벚꽃 길, 걸어보기
벚꽃잎 흩날리는 날, 그 거리에 서서 커피 한 잔 기울이기

기도하며 감사하며 봄날 영접하기
봄의 계절에 부활이 있음을 잊지않기
모든 사람을 봄날처럼 사랑하기

1월, 새봄

프란츠 카프카는 그의 책 『변신』 '저자의 말'에서 이렇게 말했다.

우리가 읽는 책이 우리 머리를 주먹으로 한 대 쳐서 우리를 잠에서 깨우지 않는다면, 도대체 왜 우리가 그 책을 읽는 거지? 책이란 무릇, 우리 안에 있는 꽁꽁 얼어버린 바다를 깨뜨려버리는 도끼가 아니면 안 되는 거야.

얼마 전, 오래된 책 하나를 손에 들고 읽던 중, 도끼로 얻어 맞은 듯 어지러웠다. 그 글은 바로 피천득 선생님의 글이었다.

1월이 되면 새봄은 온다. 자정이 넘으면 날이 캄캄해도 새벽이 된 거와 같이, 날씨가 아무리 추워도 1월은 봄이다. 따뜻한 4월, 5월을 어떻게 하느냐고? 봄은 다섯 달이라도 좋다. 우리나라의 봄은 짧은 편

1월부터 봄이란다. 2월 초 입춘이나 지나고 봄을 노래하면 모르겠거니와 소한과 대한이 시퍼렇게 살아있는 겨울의 한복판에서 봄이라니, 추운 방에서 움츠렸던 어깨를 펴지 않고는 책을 읽어내릴 수가 없었다.

'봄'은 '본다'는 의미를 담고 있다. 겨우내 감추어 있던 것들을 눈 녹은 들판에서 보는 일, 포슬포슬 부드러워진 흙을 발로 느껴보는 일, 싹이 돋고 꽃이 피는 것을 보는 일 등 볼 일이 많은 계절이 봄이다. 그런데 1월에도 3월의 일을 미리 볼 수 있는 눈길이라니, 가히 경이적이다. 이런 맑음과 예지가 있어 100년 가까이를 소년처럼 사셨는가 보다.

봄이 와도 봄을 느낄 수 없는 사람이 많은 세상에서 누군가의 눈에는 겨울 한복판 동장군 얼음장 밑에서 꼼지락거리는 움직임이 보이고, 꽃 피울 준비를 하고는 출발선에 서 있는 나무들의 긴장이 보인다 하니, 그런 눈이 참 부럽다.

봄은 '새'라는 글자가 하나 더 붙을 때 정겹다. 새여름도, 새가을도, 새겨울도 없다. 오직 봄만이 누리는 특권이 있으니 '새봄'이다. 새롭게 보는 일, 다르게 보는 일,

남들이 못 보는 것을 보는 일 등 모든 것이 새로운 봄, 새
봄이다. 그런 의미에서 1월에도 보이는 봄은, '더 새봄'이
겠다.

예수님의 눈길도 새봄을 닮으셨다. 세리 속에 신약성경
의 첫 저자가 숨어있음을 볼 줄 아는 눈(마태라 하는 사람이
세관에 앉아 있는 것을 '보시고' 이르시되 나를 따르라 하시니 일어나
따르니라, 마 9:9), 비방자요 박해자요 폭행자의 모습 속에
서 사도의 모습을 볼 줄 아는 눈(나를 능하게 하신 그리스도 예
수 우리 주께 내가 감사함은 나를 충성되어 '여겨' 내게 직분을 맡기
심이니, 딤전 1:12), 그런 눈의 소유자이셨기에, 겨울을 살던
이들의 두꺼운 얼음을 도끼로 깨고 한 줌 봄을 끄집어낼
줄 아셨던 게다. 그런 눈이 정말 부럽다.

1월!
눈을 크게 뜨고 보니,
벌써 봄 아닌 게 없다.
새봄이다.

기적과도 같은 계절, 봄

주중에 시외에 다녀올 일이 있었는데, 계룡을 지나 연산 조금 못 미쳐 왼쪽으로 펼쳐진 봄산의 장관에 그만 숨이 멎고 말았다. 겨우내 진초록이거나 음산했던 회색의 산들이 연초록으로 변해가는 한바탕 풍경은 홀로 보기에는 너무도 아까웠다. 햇살을 조금이라도 더 받았음직한 부분부터 연초록이 진초록을 밀어올리며 골짜기를 넘어서는 풍경은 생명의 진수 바로 그 자체였다. 보통은 강한 것이 부드러운 것을 이기며, 진한 것이 연한 것을 삼키는 법이거늘 봄은 신기하게도 그와는 정반대다. 연하고도 부드러운 기운이 진하고도 강한 기운을 삼켜가고 있었다.

가을의 그 노랗고 붉은 산자락이 아름답다 하지만 말년의 몸부림을 앓고 있는 가을산이 어찌 신선한 기운으로 가득 찬 봄산의 아름다움을 뛰어넘을 수 있을까. 오히려 가을산은 쇠하는 산이요, 봄산은 흥하는 산이니 이왕에 산에 오를 양이면 그 기운을 느끼기에 가을보다는 봄이 좋을 듯하다.

창세기에는 하나님께서 천지를 창조하신 이후, 에덴동산을 휘휘 둘러보시는 장면이 나온다. 아담과 하와는 "날이 서늘할 때에 동산에 거니시는 여호와 하나님의 음성을 듣고"(창3:8)는 하나님의 눈길을 피하여 숨어버린다. 이 장면을 읽으면서 태초의 두 사람이 범죄한 계절은 사계절 중에서 어떤 계절이었을까 하며 엉뚱한 생각을 해본 적이 있었다. 모르긴 몰라도 가을이었겠다.

그 이유는 셋이다. 하나는 하나님께서 에덴동산을 산책하셨던 날을 언급하며 '날이 서늘할 때'라 하였으니 이는 가을이 분명한 것이요, 둘은 두 사람이 선악을 알게 하는 나무의 열매를 먹었다 하니 과일이 익는 가을이 더 분명한 것이요, 셋은 아담과 하와가 아무리 강심장이라 하더라도 온 천지가 연초록의 물결로 출렁이는 봄의 계절에 하나님의 뜻을 거역할 용기가 어찌 일어날 수 있었겠는가 말이다. 가을에게는 미안한 노릇이겠으나 아담과 하와는 새봄에는 그들의 마음도 봄처럼 신선하여 죄로 달려가지 못하다가 늦가을의 그 붉은 빛 속에서 취한 듯 범죄로 달려갔음이 분명하다.

예수님의 오병이어 기적은 "제자들을 명하사 그 모든 사람으로 떼를 지어 푸른 잔디 위에 앉게"(막 6:39) 하심으로부터 시작이 되었다고 성경은 말씀하고 있다. 이스라엘의 푸른 잔디는 봄을 말한다. 예수님은 그 싱그러운 봄, 푸른 잔디 위에서 기적 중에 으뜸인 오병이어의 기적을 베푸셨던 것이겠다.

그러고 보면, 봄은 연한 것이 강한 것을 삼키는 기적과도 같은 계절이요, 어느 누구도 범죄를 꾀할 수 없도록 맑게 하는 계절이요, 오병이어의 기적같은 놀라운 기적을 상식처럼 만나는 계절이라 할 수 있겠다.

이렇게
참 좋은 계절
봄이다.

　남쪽나라 꽃잔치는 이미 끝나가고 있으며, 울긋불긋 꽃
대궐은 점점 북상하고 있다는 소식이다. 대전에서도 곧
흐드러지게 핀 벚꽃들의 행진을 보겠다. 가까운 산에 이
미 산수유 노랗게 피었고, 진달래도 만발하니, 산으로 발
걸음을 향하게 하는 이유이겠다.

　춘래불사춘(春來不似春)이라는 말이 있다. 중국 한나라
시대 한고조 유방은 북방민족이었던 흉노족의 잦은 침략
에 골머리를 앓고 있었다. 어쩔 수 없이 조약을 맺게 되
었으니, 공주나 신하의 딸을 보내기로 후궁으로 들어온
왕소군이라는 이름의 16살 소녀를 보내게 되었는데, 그
녀는 늙어 죽을 때까지 고향 땅으로 돌아오지 못했다고
한다.
　다만, 그녀가 남겼다는 시가 전해지는데 그 중에 일부
가 '춘래불사춘'이다. 산과 들에 꽃은 피고 푸르러 봄이
온 것은 분명한데, 오랑캐에 이끌려 타향살이를 하는 자
신의 마음은 봄이 아니더라는 말이다.

이제 계절은 봄의 절정, 4월을 앞두고 있는데, 코로나의 영향으로 봄을 즐기지 못하며 살고 있다. 누군가는 아프고, 누군가는 죽어가는 이 계절에 꽃을 보고 누가 예쁘다 소리할 수 있으며, 산에 올라 환호성이라도 한 번 지를 수 있겠는가. 그러나 사람들이야 그러거나 말거나 봄은 묵묵히 제 할 일을 하고 있다. 싹을 틔우고 꽃을 피우고 바람을 일으키고 햇살을 뿌리고 그러면서 봄을 알리고 있더라 이 말이다.

우리네 사람들도 마찬가지다. 모두 다 숨죽이고 있는 듯 보여도 삽을 들고 논과 밭으로 나가는 농부가 있으며, 이른 새벽마다 쓰레기를 치우는 누군가가 있으며, 아르바이트 현장으로 달려나가는 젊은이들도 있으며, 방호복을 입는 의료진도 있으며, 사이렌 소리를 울리며 달리는 차량들도 있다. 소소해 보이지만 누군가는 밥을 하고, 누군가는 커피를 내리고, 누군가는 주차 안내를 하고, 누군가는 주문을 받는다. 맡겨진 삶의 현장에서 다들 자기 일에 매진하고 있는 것이다. 그러고 보니 자기에게 맡겨진 일에 충실하게 사는 것이 인생이요, 삶이다.

이런 이야기가 전해 내려온다. 아직은 겨울을 완전히 벗어나지 못한 봄의 초입에 아몬드나무가 꽃을 활짝 피웠든가 보다. 그랬더니 모든 나무들이 비웃었단다.

저렇게 교만할 수가!
저 녀석은 저리 혼자 꽃을 피운다 해서 자기가 봄을
끌어올 수 있다고 믿는 모양이지?

이에 아몬드나무는 얼굴을 붉히며 이렇게 대답을 해주
었다고 한다.

용서하세요, 자매님들. 맹세코 나는 꽃을 피우고 싶
지 않았지만 갑자기 내 가슴속에서 따뜻한 봄바람
을 느꼈어요.

가슴에서 봄바람을 느끼면 어쩔 수 없다, 봄의 사람으
로 사는 수밖에. 봄도 봄의 일을 하고, 우리네 사람도 우
리에게 맡겨진 일을 하는 것이 순리이겠다.

참 좋은 봄이다.
모른 체 지나치기엔
너무나도 아까운 봄의 계절이란 말이다.

벚꽃 흩날리던 날이 며칠 전이었던 것 같은데, 개나리 진달래의 잔상이 아직 사라지지 않았으며, 영산홍 붉은 물결이 잠들기도 전에 갑자기 들이닥친 더위에 화들짝 놀라고 보니, 입하(立夏) 지나 벌써 여름이다.

봄이 온통 꽃세상으로 자신을 드러낸다면, 여름은 노란 물결로 자신의 존재감을 드러내며 시작하는가 보다. 송홧가루 이야기다. 갑자기 훅 하고 달려온 더위를 좀 식힌다며 하루 종일 창문을 열어놓았던 날, 퇴근 후 집에서 양말을 벗다가 깜짝 놀랐다. 양말 바닥이 온통 노란색이다. 아뿔싸! 방바닥이 온통 송홧가루 세상이다. 열린 창문과 방충망을 지나 녀석들은, 집안 구석구석 골고루 영역표시를 하며 점령군이 되어 있었던 것이다. 방바닥은 물론, 침대, 주방, 냉장고 위, 옷, 식탁 등등등.

바람 많이 부는 날, 저 멀리 산 중턱에서 한바탕 송홧가루가 날리는 모습은, 눈이 호강하는 풍경이다. 뭐라 표현할까, 서천 들녘에서 보았던 철새들의 군무라고나 할까.

사실 그에 못지않다. 녀석들은 몸을 움츠리고는 바람을 기다린다. 때가 되었다 싶으면 녀석들은, 바람을 타고 제 짝을 찾아 몸을 던지는 것이다. 방안으로 파고든 녀석들이 이리 많은 것을 보니, 대부분은 제 짝을 만나지 못한 것이리라.

녀석들의 출현은, 운전자들에게는 귀찮은 일이다. 방안으로 침범해 오는 녀석들이야 창문을 닫으면 된다지만, 승용차를 몰고 나갈 일이 있어 급하게 차에 오르다가 노랗게 변한 차의 지붕이며 앞유리를 보면서도 세차는 고사하고 털어내지도 못하고 달리는 경우가 태반이다. 아무리 쌩쌩 달려도 녀석들은 끈질기다. 떨어질 의향이 전혀 없다. 몸 전체가 접착제인가 보다. 하긴 녀석들이 팔이나 손이 있는 것도 아니고 하늘을 날아 제 짝을 만나면 떨어지지 않아야 수분(受粉)을 할 수 있을 테니 당연한 일이겠다.

그 옛날 어머니들은 부지런도 하셨다. 산에 올라 이 가루를 모아 오셨고, 간식으로 바꿔놓곤 하셨다. 이것이 음식이 되는 줄을 어찌들 아셨는지, 볼펜으로 점찍은 것보다도 더 작은 이 가루를 모으고 모아 '다식'이라는 얇고 둥그런 간식을 만들어 내셨으니, 신통방통하다.

얼마를 모아야 다식 하나가 될까? 꽃가루 백만 개 천

만 개는 모여야 하지 않을까? 오늘날이야 그릇도 다양하고 비닐봉지도 있다지만 당시에는 어디에 모아오셨지? 그 무거운 항아리를 들고 산에 오르셨나? 별의 별 생각을 다하며 송홧가루 날리는 여름 초입에 어머니의 다식을, 입에 침이 고이도록 추억해 본다.

내 평생 송홧가루 다식을 먹어볼 일이 다시는 없을지도 모르겠다.

그러나 송홧가루 날리는 계절이 오면

나는,

어머니의 송홧가루 다식이 또 떠오르리라.

봄비 내리는 날

　금요일 오후, 세차게 비는 퍼붓고, '비멍'을 하고 있자니, 비와 관련된 노래들이 떠오른다. 비 오는 수요일엔 빨간 장미를, 비 오는 날의 수채화, 비가 오면 생각나는 그 사람, 잠 못 드는 밤 비는 내리고, 봄비 속에 떠난 사람 봄비 맞으며 돌아왔네, 등등등. 어릴 때 그렇게도 불렀던 동요, 이슬비 내리는 이른 아침에 우산 세 개 나란히 걸어갑니다도 입가를 어슬렁거린다.

　그렇게 흥얼거리다 보니 비와 관련된 추억들이 필름처럼 지나간다. 어린 시절 비가 내리면 마당과 길거리는 놀이터였다. 쏟아지는 빗속에서도 축구를 했고, 움푹 팬 웅덩이에서는 검정 고무신으로 배를 만들어 놀곤 했다. 미세먼지나 황사를 머금지 않았던 빗물은 고개를 들고 입 안에 담아도 전혀 두려울 것이 없었다.

　비가 억수로 쏟아지던 날, 마당에서 펄떡거리던 미꾸라지는 신기하기만 했다. 누군가는 미꾸라지들이 빗줄기를 타고 하늘로 올라, 하늘에서 다시 땅으로 떨어졌다 말하기도 하고, 누군가는 녀석들이 개울과 또랑을 타고 올라 마당에까지 이르렀다고도 했다. 마을 어른들 중에서 두 주장이 워낙 팽팽했던 기억을 되살려 인터넷을 뒤적거려 보았지만, 정답은 없었다. 아무튼 비 오는 날 마당의 미꾸라지는 아직도 풀리지 않는 미스터리다.

구름이 비를 만든다는 사실을 모르는 바 아니지만, 비행기 타고 하늘 올라 구름 속을 날면서도 저 구름이 어떻게 비로 변하는지 감을 잡을 수가 없었다. 과학적으로야 이런 저런 이론들이 있고, 그런 이론들에 대해 학교에서 배운 기억은 있지만, 저 구름은 어떻게 비를 잡아두고 있는 것이며, 어떻게 뿌려대는 것인지, 어떨 때는 장대비로 어떨 때는 이슬비로 내리는 것인지 참으로 신기하기만 하다.

프랑스 작가 '마르탱 파주'의 『비』라는 책이 있다. 비에 대한 다양한 이야기들을 맛깔스럽게 풀어가다가 그는 '비는 떨어지면서 지구를 밀고 돌아가게 한다. 지구가 자전과 공전을 하는 것은 바로 비 때문이다.'라고 말한다. 나는 이 작가의 상상력에 박수를 보내고 말았다. 비가 지구를 밀고 있다니, 그 덕분에 자전과 공전을 한다니. 결국 나는, 그의 상상력에 속아주기로 마음을 먹었다. 정말 그런 것 같지 않은가.

성경에도 비는 많이 등장을 한다. 물론 비는, 노아의 홍수처럼 무서운 심판의 도구이기도 하겠지만 성경에 등장하는 대부분의 비는 하늘의 선물이다.

"비는 하늘로부터 내려 땅을 적셔서 소출이 나게 하며 싹이 나게 하여 파종하는 자에게는 종자를 주며 먹는 자에게는 양식을 준다"(사 55:10) 했으며,
"봄비가 올 때에 여호와 곧 구름을 일게 하시는 여호와께 비를 구하라. 무리에게 소낙비를 내려서 밭의 채소를 각 사람에게 주시리라"(슥 10:1)고도 말씀하고 있다.

이 비 그치면, 농부들은 논과 밭으로 서둘러 나가리라. 고추모를 심고, 모내기를 준비하기 위해서…. 그렇게 하늘의 선물이요, 복의 연결고리 비가 오신다.

참 좋다.
시원스레 낙하하며 내는 소리도,
축축한 비 냄새도,
다가올 풍년도!

눈길 주기

기독교 역사에 최고 성인으로 손꼽히는 프랜시스에게
이런 일화가 전해진다. 어느 날 저녁, 성인이 살고 있던
아시시의 거리를 거닐다가 하늘을 보았는데 두둥실 떠
있는 달이 그렇게도 예쁘다. 그런데 아무리 둘러보아도
문밖으로 나와 이렇게도 위대한 기적을 즐기는 사람이
없다니. 그는 교회로 달려갔고 종탑으로 올라갔다. 그리
고는 무슨 큰일이라도 난 것처럼 종을 울리기 시작을 했
다. 깜짝 놀란 마을 사람들이 무슨 불이라도 난 줄 알고
옷도 제대로 입지 못한 채 교회로 몰려들었고, 물었다.
"도대체 무슨 일이오?" "여러분, 고개를 들어 하늘을 보
세요. 하늘에 떠 있는 저 달 좀 보시라고요."

만사가 다 귀찮은 계절이다. 더워도 너무 덥기 때문이
다. 그럼에도 불구하고 조금만 눈을 열어서 보면 참 감사
하고 신기한 것들 천지다. 내 눈에 보기에는 사택을 휘감
는 담쟁이 넝쿨이 그리도 신기하고 고맙다. 이삼 년 전부
터 이 녀석들이 자라기만 바라며 간혹 물을 주기도 하고

(그렇게 하는 것이 맞는지도 모르면서) 길을 내준다며 옮겨주기도 했었는데(실패했지만) 작년부터 자리를 잡더니 이제는 제법 모양을 갖추었다. 누군가 말하기를 벌레가 많이 생긴다고도 하고 겨울에는 빛바랜 모습이 보기 싫다고도 하지만 그러거니 말거니 벽을 타고 오르는 녀석들의 씩씩한 모습이 참 좋다.

아침마다 사택을 나서며 앞뜰에 피어있는 나팔꽃 몇 송이도 그리 좋다. 나팔소리 들리는가 싶어 귀를 열고 눈길을 주면 녀석들이 '뿌…' 소리를 내는 듯하다. 모른 체하면 모르거니와 조금만 관심을 기울이면 보이게 되어 있고 들리게 마련이다. 그래도 고마운 것은 누가 보아주든 그렇지 않든 녀석들은 핀다는 것이다.

나이 드신 목사님 한 분이 제주도 가는 비행기에 오르셨던가 보다. 창 밖 구름을 바라보면서 얼마나 놀라운 광경이냐며 감탄을 하고 있는데 비행기를 함께 타고 있던 어느 누구도 눈부신 창밖을 바라보고 있는 이가 없더란다. 목사님은 어떻게 그럴 수 있느냐고, 어떻게 스포츠신문 따위에 얼굴을 틀어박고 있을 수가 있는 것이냐고 '오 마이 갓!'을 외치셨단다.

물론 그럴 수 있다. 이미 한바탕 창밖 구경을 한 이후에 신문을 보거나 눈을 감았을 수도 있고, 그들은 창 밖 구름동산보다도 더 신기하고 감사한 다른 것들에 마음을 빼앗겼을 수도 있다. 그러나 분명한 것 한 가지는 있다. 세상이 이렇게도 완악해져 가고 툭하면 폭력이요 살인이 뉴스의 단골 메뉴인 것은 사람들이 하늘을 우러러 달을 보지 않기 때문이요, 작은 들꽃에 눈길을 주지 않기 때문이다. 자연에 마음을 빼앗겨 본 사람은 절대 악할 수가 없는 것이다.

달은 가장 확실한 상담가라는 말이 있다. 단골손님이 가장 많다고도 한다. 듣고 보니 그렇다. 아무래도 해보다는 달이 사람의 마음을 더 어루만지기는 하는가 보다. 아무리 캄캄한 밤을 걷는다 하더라도 고개를 들어 하늘 한 번 바라볼 일이다. 거기에 눈길 주기를 기다리는 달이 있기 때문이다. 아무리 뜨거운 뙤약볕을 걷는다 하더라도 고개를 숙여 땅을 바라볼 일이다.

거기에
눈길 주기를 기다리는
작은 꽃 한 송이가 있기 때문이다.

그런 산이 하나 있었으면 좋겠다!

기도하러 올라갈 수 있는
눈을 들어 하나님을 볼 수 있는
아무에게도 들키지 않고 홀로 머물 수 있는

그런 산이 하나 있었으면 좋겠다

그곳에 가면 하나님이 계시고
그곳에 오르면 땀 흘린 보람이 있으며
그곳에 닿으면 하나님과 마음이 닿는

그런 산이 하나 있었으면 좋겠다

그곳에 가면 모세도 만나고
그곳에 오르면 엘리야도 만나되
그곳에서는 절대 예수님을 만나야 한다

그런 산이 하나 있었으면 좋겠다

그러나 그 산에 머물지 말 일이다
산 아래로 내려가야만 하느니
기다리는 아이가 있기 때문이다

그런 산이 하나 있었으면 좋겠다

우리가 내려오기만
손꼽아 기다리는
그 아이를 만날 일이다

오후 한때, 가까운 기독교 서점에 다녀오는데 참 덥다. 사실 우리 교회에서 서점까지의 거리가 얼마나 될까. 500m쯤? 마침 일이 있어 나서는 부목사 승합차를 얻어 타고(?) 가긴 했는데, 오는 길 몇 걸음에도 지친다. 이런 날씨를 일컬어 폭염(暴炎)이라고도 염천(炎天)의 날씨라고도 한다. 이렇게 글을 써내려가다가 염(炎)이라는 한문 글씨를 보고는 순간 놀랐다. 불 화(火)자 두 개를 합쳐 놓았으니 지금의 날씨가 불구덩이라는 말이겠다. 이런 날씨에 밖에서 일하는 사람들이 들으면 욕 나올 상황이겠으나 아무튼 몇 걸음에도 헉헉댔던 것은 사실이다. 그나마 돌아오는 길, 길가에 서 있는 은행나무 가로수 그늘이 어찌나 고맙던지.

10여 년 전 이스라엘에 성지순례 갔을 때, 거기는 더 더웠다. 그런데 그 나라 사람들은 무슨 수로 폭염에 염천을 더한 것 같은 더위를 견디며 살 수 있었을까? 따지고 보면 사람은 참 지독하고도 지혜롭다. 어떻게든 환경에 적

응하며 살아가는 것이다. 혹한 지역에 살든 오지에 살든 사람은 살아가는 그들만의 방법을 익힌다. 더운 나라 사람들도 마찬가지이겠다. 그들만의 살아가는 방법을 알고 있었으니, 그늘이다. 푹푹 찌는 찜통더위가 몰려왔지만 습기가 거의 없는 나라인지라 이스라엘에서는 그늘에만 들어가도 시원했다. 그래서 그런지 예수님 당시 사람들의 성경 읽기나 공부는 주로 무화과나무 그늘 아래에서 이루어졌다고 하지 않던가.

　그늘, 참 좋다. 이런 날씨에는 손에 든 부채 그늘도 좋고, 하다못해 손바닥으로 가리는 손 그늘도 좋다. 빛의 세계도 어둠의 세계도 아닌 그늘, 그늘은 그렇게 운치 있어 좋다. 물론 얼굴에 그늘이 있다 하면 근심이 있는 것으로 오해받을 소지가 충분하지만, 여름 한복판에서의 그늘은 주로 휴식의 공간이다. 동네어귀 느티나무 아래 시원한 그늘에 앉아 있는 노인들의 여유와 평안은 어떠하며, 널따란 다리 그늘 아래 모여 앉아 바둑돌을 굴리는 어르신들의 여유는 또 어떠한가. 목련꽃 그늘 아래에서 베르테르의 편질 읽는 것에 견줄 수는 없지만 그늘의 운치를 만끽하고 계신 것이다.

　오래 전에 TV를 통해, 판소리에 관한 한 이 나라 대표주자 한 분이 나와서 하는 이야기를 들었다. 판소리는 '안

으로 쌓여서 발효가 되어야 깊은 맛이 우러나오는, 이를
테면 묵히고 묵힌 것이 툭 터져 나오는 소리'라고, 그런
소리를 못 내는 사람을 일컬어 '그 소리에는 그늘이 없
어'라고 말하는 것이라고, 그늘이 있어야 참소리가 될 수
있다고…, 순간 무릎을 탁 쳤다. 허긴 늘 햇볕만 비치면
사막이 된다 하지 않던가. 땅도 비가 내리고 바람이 부는
과정을 거쳐야 생명을 잉태할 수 있는 옥토가 되는 것처
럼, 사람도 그렇다는 말이렷다, 그늘이 있어야 제대로 된
목소리가 나온다는.

성경은 하늘 아버지를 그늘로 비유한다. '주는 폭풍 중
의 피난처시며 폭양을 피하는 그늘이 되셨사오니'(사
25:4)라는 말씀은, 더운 나라 사람들에게 주님을 소개하
는 프로필로 이보다 더 적절한 표현이 있을까.
 찬송 415장 1절은 이렇다.

'십자가 그늘 아래 나 쉬기 원하네
저 햇볕 심히 뜨겁고 또 짐이 무거워
이 광야 같은 세상에 늘 방황할 때에
주 십자가의 그늘에 내 쉴 곳 찾았네'

그늘, 참 좋더이다.

폭우 이후 천변 풍경

극한 폭우라는 신조어를 만들어 낼 정도로 장마는 길고도 참혹했다. 산사태가 나고, 지하차도가 물에 잠기고, 논과 밭이 초토화되었으며 열차 운행을 멈추게 했다. 많은 것들이 상했고 안타까운 죽음들이 있었다. 버스 기사는 끝까지 승객들을 살리려다 운명을 달리 했고, 트럭 기사는 물살에 떠밀려가는 다른 이들의 손을 잡아주며 살려냈다. 해병대 젊은이는 주검을 찾다가 주검이 되어 돌아왔다. 주일을 앞두고 쏟아진 비에 예배를 거른 교회도 여럿 있었다는 소식도 들린다. 하늘도 무심하시지 소리들이 통곡이 되어, 온 하늘에 메아리쳤다. 역대급 비가 쏟아진 마을과 도시마다 이제는 재건해야 할 텐데, 어디에서부터 손을 써야 할지 막막하기만 하다.

참 오랜만에 유등천변으로 길 나섰다. 새벽기도회를 마치고 약간의 음식으로 배를 채우고 나선 이른 아침의 천변인데, 지렁이 한 마리가 사람 다니는 길로 힘겹게 기어가는 모습이 눈에 들어왔다. 이미 다 메말라 버린 시멘트

길에 올랐다 하는 것은 녀석에게 곧 죽음이라는 생각에, 나뭇가지 하나를 들어 풀숲으로 옮겨주고 고개를 들었는데 아뿔싸, 앞을 보니 온통 지렁이 천지다. 저 멀리까지 수없이 많은 지렁이들이 밟히고 말라비틀어져 납작하게 바닥에 붙어있고, 목숨이 붙어있는 녀석 몇은 겨우 몸을 뒤틀며 헐떡인다. 지렁이에 대해 내가 겨우 아는 지식이 있다면 땅속을 비집고 다니며 식물들의 뿌리에 숨길을 열어준다는 것 정도다.

그런데 녀석들은 왜, 땅속에 있지 않고 전부 다 이리들 올라와 죽어가고 있단 말인가. 물기를 너무도 많이 머금은 땅속에서는 숨이 막혀 더 이상 있을 수가 없었던 것일까? 아니면, 내가 알지 못하는 무슨 이유들이 있을 게다. 아무튼, 산책하는 내내 그 많은 지렁이들을 피하며 조심스레 걸을 수밖에.

천변에 살고 있던 너구리, 오소리들은 어찌 되었으며, 그 많던 물오리들은 다 어디로 갔을까? 이런 생각들을 하며 걷는데, 분주하게 오가는 개미들은 어찌 이리도 많은지. 이 빗속에 녀석들은 어찌 버텼을까? 땅 밑으로 깊게 뻗어있는 출입구를 녀석들은 어떻게 틀어막고 비를 피한 것일까? 아무튼, 천(변)에 사는 생물들에게도 이렇게 많은 빗줄기는 대략난감이었으리라.

시편 29편 기자는 홍수를 만났던 게 분명하다. 백향목이 꺾여나가고, 송아지가 길길이 날뛰고, 뇌성벽력이 하늘을 가르고, 산사태가 나는 상황을 언급하면서 '여호와께서 홍수 때에 좌정하셨음이여(10)'라고 노래한다. 그런데 시인은 천재지변과도 같은 이런 상황의 결론을 이렇게 내린다. '여호와께서 자기 백성에게 힘을 주심이여, 여호와께서 자기 백성에게 평강의 복을 주시리로다'(11)라고.

하나님께서 하기로 작정하시면 못할 일이 없으시다는 사실과, 천재지변의 한 가운데 처해 있다 하더라도 주님 주시는 평강을 누릴 수만 있다면, 이것이 믿음이요 복이라고 말을 하고 있는 것이다. 어떤 시인은 빼앗긴 들에도 봄은 온다 했으며, 어떤 시인은 폐허에서도 먼지를 털고 돌아오는 짐승들이 있다 했다.

이 땅의

슬프고

무너진 사람들도

그러하기를….

가을 풍경

　가을이다. 주중 내내 비가 내려 여름 장마인가 착각할 정도였으나 간혹 보이는 하늘은 분명히 가을, 맞다. 창조주는 어쩜 이리도 청명한 색을 만들어 내셨을까. 그렇게 가을은 색으로 오느니, 눈을 즐겁게 한다.

　가을은 귀로도 온다. 그렇게도 우렁차던 매미 소리가 귀뚜라미 소리로 바뀌는 계절이 가을이다. 소리로 오는 계절에 생각나는 노래 하나가 있다. 나희덕이 쓰고 안치환이 노래한 '귀뚜라미' 가사 일부는 이렇다.

　　높은 가지를 흔드는 매미소리에 묻혀
　　내 울음소리는 아직 노래가 아니오,
　　풀잎 없고 이슬 한 방울 내리지 않는
　　지하도 콘크리트벽 좁은 틈에서
　　숨 막힐 듯 토하는 울음,
　　그러나 나 여기 살아 있소.
　　귀뚜루루루 보내는 내 타전 소리가

노래를 들으며 많은 생각이 스친다. 매미 소리에 묻혀 제 소리를 내지 못할 때도 있었지만 그 음습한 지하도 콘크리트벽에서 나 여기 살아 있다고 외치는 귀뚜라미 소리라니, 이런 노래는 그 자체가 희망이다. 일어설 희망, 다시 걸어갈 희망, 다시 하늘을 바라 볼 희망 같은 것 말이다.

가을은 입과 코로도 온다. 들판에 곡식은 단단해지고 과일은 단맛을 더하리라. 아직 풋내 나는 사과는 색을 붉게 바꿔 갈 것이며 벼 이삭은 녹색을 벗고 황금색으로 물들어가리라. 햅쌀로 지은 밥맛을 기억하는가. 익는 냄새부터 다르다. 모르긴 몰라도 출애굽 당시 광야에서 이스라엘 백성들이 먹었다는 '만나'는 햅쌀밥 비슷하지 않았을까 싶다. '희고 맛은 꿀 섞은 과자' 같았다 했으니, 우리가 먹는 쌀밥이야 꿀 섞은 맛은 아니겠으나 햅쌀밥의 그 달콤함이야 아이들이 먹는 과자에 어찌 비길꼬.

농부들은 가을에 거둔 수확물들 가운데 절대 먹어서는 안 되는 알곡 몇을 저장해 놓았다 한다. 이 저장물은 보릿고개를 넘으며 굶어 죽는 한이 있더라도 절대 먹지 않았다지 않던가. 그리고 보니 농부는 수확의 계절에도 파종을 준비하고 있으니 인생의 참 스승이 분명하다.

성경에는 가을이라는 단어가 과연 몇 개나 등장을 하는지 갑자기 궁금해졌다. 일부러 찾아보았더니 세 개의 가을이 보물처럼 숨어 있다. 잠언 20장 4절과 유다서 1장 12절에 각각 등장을 하는데, 이사야 18장 4절에 등장을 하는 가을을 읽으며 두둥하고 가슴에 울림이 일었다.

여호와께서 내게 이르시되 내가 나의 처소에서 조용히 감찰함이 쬐이는 일광 같고 가을 더위에 운무 같도다

좋은 말씀 같긴 한데 좀 어렵다. 확 와 닿지가 않는다. 쉽게 번역한 공동번역을 찾아보았더니 이렇다.

야훼께서 나에게 말씀하신다.
태양은 말없이 비치며 열을 내고
이슬은 햇살이 따슨 가을철에도 조용히 내린다.
나도 내 처소에서 가만히 지켜보리라

가을철의 풍경을 이보다 더 예쁘게 표현할 수가 있을까 싶다. 하나님도 당신의 처소에서 가만히 지켜보시는 계

절이라니, 얼마나 예쁘고 아름다우면 하나님마저 그러실까.

어느 교회에서 가을 단풍 나들이를 하며 예배를 드리는데, 지나가던 등산객이 이렇게 말을 했다 한다.

"나는 교회는 안 다니는데, 저 이들이 믿는 신이 참 대단하긴 해. 이 단풍 예쁜 것 좀 봐."

그렇다.
가을은
누구에게나
창조주를 기억하게 하는 계절이 분명하다.
무조건 감사다.

프란츠 알트의 『생태주의자 예수』에는 이런 내용이 있
다.

> 우주공간에서 지구별이 다른 별 하나를 만난다. 그
> 별이 지구에게 묻는다. "너 잘 지내니?" 지구는 이렇
> 게 대답을 한다. "그렇지가 못해. 나는 인간을 태우
> 고 다니거든." 그러자 낯선 별이 지구를 이렇게 위
> 로해 주었다고 한다. "까짓 거. 신경 쓰지 마. 금방
> 사라질 거야."

초록별 지구가 몸살을 앓고 있다. 지구 온난화로 인해
북극의 빙하는 녹아내리고, 머지않아 물에 잠길 섬나라
도 있다 한다. 녹아내린 빙하덩어리에 위태롭게 올라 탄
북극곰을 언론을 통해서 보는 일은 이제는 뉴스거리도
되지 못한다. 비가 한 번 내린 이후 승용차를 보면 얼마
나 먼지가 많이 쌓여 있는지, 공기 중의 미세먼지 농도를
짐작케 한다.

최근 본 동영상 몇이 마음을 아프게 했다. 해변에 죽어 있는 고래 뱃속에서 다량의 비닐과 플라스틱이 발견되었다. 붙잡혀 육지에 올라온 거북이 콧구멍에서 10cm 길이의 음료수 빨대를 끄집어내는 영상에는 눈을 감고 말았다. 플라스틱 공포는 동물들만의 것이 아니란다. 우리가 편하게 사서 마시는 편의점 생수에서 미세 플라스틱이 검출되었다는 보고다. 나도 모르게 플라스틱을 몸속에 비축하고 있었던 셈이다.

아무튼 지구별이 총체적 난국이다. 기후변화로 인해 지구 곳곳이 몸살을 앓고 있는 것이다. 최근에 몰아닥친 엄청난 기세의 폭염도 지구별의 몸부림을 증명하는 것이리라.

장 지오노의 『나무를 심은 사람』이라는 두껍지 않은, 그러나 무게감이 느껴지는 책이 있다. 작품의 화자는 한때 사람들이 살았지만 지금은 황무지로 변한 곳을 찾아간다. 며칠 동안 메마른 땅 이곳저곳을 걸어 다니던 화자는 목이 말라 지칠 즈음 나무를 심고 있는 목자 노인을 만난다. 그는 말이 별로 없는 사람이었다. 저녁마다 그는 작은 주머니에 담긴 도토리를 책상 위에 쏟아놓고는 썩은 것이 없는지 하나하나 세심하게 살펴보면서 좋은 것을 골라냈다. 날이 밝으면 양떼를 데리고 광야에 나가 작은 부삽으로 땅을 파고는 거기에 도토리를 묻곤 했다. 양 몇 마리를 데리고 사는 그는 황무해진 땅에 생명을 초대하고 있었던 것이다. 아무도 그에게 그 일을 부탁하지 않았다. 물론 그의 수고를 알아주는 사람도 없었다. 이후 그 땅은 어찌 되었을까? 나무들이 무성하게 자라니 물줄기가 살아나고 새가 돌아왔다. 사람이 돌아오고 마을이 다시 살아난 것은 물론이다.

우리 교단에서는 몽골에 나무를 심고 있다. 사막화가 한참 진행이 되었으며, 이 나라 대한민국까지 먼길을 날아오는 황사의 근원지에 나무를 심고 있는 것이다. 나무 한 그루 심는 일이 생태계를 살리고 환경을 보전하는 일에 무슨 큰 보탬이 되겠는가마는 이 일은 계속되어야 한다.

한 그루 한 그루의 나무가
모여 숲을 이루고
지구의 온도를 수천 분의 1이라도 내릴 수 있다면,
황사의 양을 수백만 분의 1이라도 줄일 수만 있다면,
이 일은 헛된 일이 아닐 것이라는
생각에
꾸준히 나무를 심고 있는 것이다.

나무를 스승 삼지 못하는?
-몽골 은총의 숲을 다녀와서

이십여 년 전 이야기를 해보자. 딸이 초등학교 1학년에 입학을 했고, 며칠 후 의기양양하게 집으로 들어오더니, 나무 이름 대기를 하자고 제안을 한다. 그날 학교에서 수업시간에 있었던 연장전을 집에서도 하고픈 것이었다. 그래, 그럼 해보자. 녀석이 먼저 사과나무, 한다. 그렇게 시작된 나무 이름 대기는 배나무, 감나무, 대추나무, 포도나무 등 온갖 과일나무들의 이름을 주거니 받거니 하다가 나의 소나무에서 녀석은 막히고 말았다. 순간, 얼어붙는가 싶더니 한참을 머뭇거린다. 처음에는 나무 이름이 생각나지 않는가 보다 싶었다. 그런데 그것이 아니었다. 녀석의 입에서는 이런 말이 튀어나왔던 것이다. '소(牛)가 어떻게 나무에 달려 있어요?' 그날 나는 너무 놀랐다. 아무리 도시에 살고 있다고는 하지만, 소나무는 천지사방에 널려 있는 나무가 아니던가. 그런데 어찌 소나무를 모를 수가 있지? 당장 아이의 손을 이끌고 밖으로 나갔다. 그리고는 아파트 단지에 심어 있는 소나무를 가리키며 알려주었던 기억이 있다.

몽골 은총의 숲은 기독교환경운동연대의 걸음에 예장 녹색교회협의회 회원들이 참여하게 되면서 나도 따라가게 되었는데, 2019년 6월의 일이었다. 몽골 은총의 숲 여행은 가히 충격이었다. 아무리 없다 없다 하지만 그렇게도 나무 한 그루가 없단 말인가. 두세 시간을 승합차에 몸을 싣고 달려가는 데도 저 멀리 보이는 언덕이란 언덕에는 메마른 풀들과 그 가난한 풀들을 먹이 삼아 겨우 몸 붙이고 사는 양떼들 뿐이라니. 나무는 고사하고 풀들이라도 돋아나 있는 것이 신기할 정도였다. 몽골에서 모래바람이 넘어오고 이 나라에 황사를 뿌린다는 뉴스를 간혹 보긴 했지만, 설마 설마 했던 현장을 두 눈으로 확인하며 아찔했다. 나무들 천지인 나라에서 살고 있던 아이도 소나무를 몰라, 소가 어떻게 나무에 달릴 수가 있느냐며 따져 물었거늘 나무 한 그루 만나는 일이 하늘의 천사 만나는 일만큼이나 어려운 나라에서 살고 있는 아이들은 어떨 것인가? 나무 없는 나라에서 나무 볼 일 없이 자라는 아이들이 너무나도 걱정이 되었다.

그럼에도 작은 희망이 있다면, 이 일의 심각성을 서로 느껴 나무 한 그루 심는 일을 시작한 사람들이 있다는 것이다. 마치 장 지오노의 아름다운 소설 '나무를 심은 사람'에 나오는 프랑스 프로방스 지방의 한 양치기 노인(엘제아르 부피에)처럼 말이다. 이기심과 탐욕에 사로잡힌 사람들은 모두 마을을 떠나고, 돈을 벌기 위해 나무마저 다 베어낸 땅은 폐허가 되고, 새와 동물들도 다 그곳을 버렸다. 그러나 이를 안타깝게 여긴 늙은 양치기는 40여 년의 세월 동안 도토리 심는 일을 계속 이어가고, 결국은 땅에 물이 흐르고 꽃들이 피고 새들이 돌아와 지저귄다. 중요한 것은 다시 사람들이 돌아온다는 것이다.

내가 보기에 기독교환경운동연대는 이 시대의 엘제아르 부피에가 되고픈 것이다. 우선은 일을 시작했다고 하는 것이 중요하다.

사막과도 같은 곳에 심어진 나무가 잘 자랄 리가 없다. 더군다나 동토의 땅 아니던가. 이미 땅속은 얼어 있고, 나무가 자랄 수 있는 토양이 아니다. 심고 물을 주는 것만으로는 열악한 환경 조건이 발목을 잡았다. 결국, 풀을 심고 갈아엎기를 몇 번, 땅속에 드디어 미생물들이 자라는 터전을 마련하고 나서야 나무를 심을 수가 있었다고 한다. 그렇다고 다 된 것도 아니다. 우리나라 땅에서 자라는 1/10 정도의 속도로 자란다 하니, 쓰디 쓴 기다림의 시간이 필요하다.

그렇게 나무를 심고 10주년 기념으로 방문한 우리는 겨우 허리춤에 올라온 나무들의 키를 확인할 수 있었다. 우리나라 땅이었다면, 하늘 높은 줄 모르고 솟아올랐을 시간인데 말이다. 그런데 한편으로 생각을 해보면, 이것도 기적이다. '내가 헐벗은 산에 강을 내며 골짜기 가운데에 샘이 나게 하며 광야가 못이 되게 하며 마른 땅이 샘 근원이 되게 할 것이며 내가 광야에는 백향목과 싯딤나무와 화석류와 들감람나무를 심고 사막에는 잣나무와 소나무와 황양목을 함께 두리니'(사 41:18-19) 하셨던 말씀이 그대로 이루어진 것이 아니던가.

그 기적의 현장에서 생각한 사자성어가 하나 있으니, 송직극곡(松直棘曲)이다. 소나무는 곧게 자라고 가시나무는 뒤틀리면서 자란다는 뜻이다. 나무는 나무 나름대로의 특성을 가지고 있으며, 각자의 환경과 여건에서 최선을 다한다는 말이렷다. 그렇게 최선을 다할 뿐 가시나무는 소나무를 부러워하지 않으며, 소나무의 흉내를 내려고 하지도 않는다. 물론 소나무도 마찬가지다.

황량하기 그지없는 거기 몽골 들판에 일단의 집단을 이룬 숲을 통해 크게 얻은 것이 있다면, 녀석들은 최선을 다하고 있더라는 것이다. 물이 있으면 있는 대로 없으면 없는 대로, 바람이 불면 부는 대로 눈비가 내리면 내리는 대로, 가물이 들면 드는 대로 바위에 걸리면 걸리는 대로 환경을 탓하지 않고 그 환경에 뿌리내리며 살아남기 위해 부단히 노력을 하더라는 것이다. 그런 나무들의 생태를 보면서 작가 유용주는 이런 말을 남겼다.

직립 보행을 하면서도 얼마나 많은 사람들이 수평이나 비탈에서 돈과 권력과 명예에 따라 부러지고 휘어져 아부하고 살아가는지요. 아무리 험한 곳에서도 오로지 하늘만을 우러르는, 수직만을 고집하는, 나무의 견고한 고독을 우리는 배워야 합니다.

아무리 험한 곳에서도 오로지 하늘만을 우러르는 나무라니, 수직만을 고집하는 나무라니, 더군다나 나무의 견고한 고독을 배워야 한다니, 이 얼마나 교훈적인 나무들의 세계란 말인가. 나무 한 그루 없는 허허벌판에 심겨진 채 고군분투하며 자라고 있는 나무들을 보며 여행 내내 생각이 많은 시간들이었다.

다시 가서 볼 수 있을까? 아니, 무조건 다시 가 봐야 하리라. 벌써 5년이라는 세월이 흘렀는데, 녀석들은 얼마나 자랐을까, 한 뼘이라도 자랐을까, 이제는 나와 키재기라도 해볼 수 있을 만큼은 되었을까? 모르긴 몰라도 나름 녀석들도 최선을 다하고 있을 게다. 혹시 아는가? 이만큼이나 자랐다며 뽐내고 싶어 나와 우리를 기다리고 있는 것은 아닌지. 서둘러 가서 볼 일이다. 그리고 안아줄 일이다. 애쓰고 수고했다며, 물 한 바가지라도, 거름 한 줌이라도 선물하면서 말이다.

이를 통해 녀석들도 살고
우리 아이들도 살게 되는 세상이 되리니….

어네스트 헤밍웨이의 소설 『노인과 바다』에 주인공 산티아고라는 노인이 등장한다. 평생을 바다에서 살았기에 이 노인에게 있어서 바다는 친구였다. 녀석에 대해서는 모르는 게 없었으니, 물의 흐름과 바다색의 변화, 계절에 따라 바뀌는 물고기들의 종류 등.

어느 날부터인지, 이 노인에게 시련이 하나 기다리고 있었으니 단 한 마리의 고기도 낚지를 못하는 84일이라는 긴 시간 앞에 놓이게 된 것이다. 이런 일은 처음이었다. 배를 띄우기만 하면 바다는 늘 말을 걸어왔으며 물고기의 흐름에 대해 알려주었다. 그런데 어찌 된 일인지 바다는 석 달 가까이 침묵을 지켰으며 물고기도 전혀 입질을 하지 않고 있었으니, 노인에게 있어서 84일은 정말 죽을 맛이었겠다.

잡히지 않는 물고기도 그러했거니와 그를 더 두렵게 했던 것은 마을 사람들의 시선이었다. 그들의 시선 속에는 어부의 생을 마감하라는, 더 이상 배를 띄우는 것은 무리라는 조롱들이 숨어있었던 것이다. 그러나 노인은 85일째 되는 날 아침에 또다시 배를 띄웠고, 자줏빛 나는 대어를 하나 만나게 된다. 오랜 격투 끝에 녀석을 낚는 데는 성공을 하지만, 너무 기력이 센 녀석에 의해 며칠 동안 배가 끌려가는 수모를 겪는다. 녀석의 기력이 다했을 때 겨우 끌어올려 보았더니 녀석은 배보다 더 길었고, 그 녀석을 배에 단단하게 고정시키고는 방향을 틀어 항구로 향하지만, 피 냄새를 맡은 상어떼에게 대어는 다 먹히고 앙상한 뼈만 가지고 귀항하게 된다. 그러나 소설 말미에 잠을 청하러 침실로 들어가는 노인의 뒷모습이 전해주는 힘은 컸다. 나 아직 끝나지 않았어를 외치고 있었기 때문이다.

인디언들의 달력은 매우 철학적이다. 그네들은 사람의 이름을 서술형으로 짓는데(예를 들면, 주먹 쥐고 일어서, 늑대와 춤을 등), 달력의 월(月)도 서술형으로 짓는다. 1월은 '마음 깊은 곳에 머무는 달', 3월은 '한결같은 것은 아무 것도 없는 달', 7월은 '열매가 빛을 저장하는 달' 등이다. 11월은 특히 철학적이다. 그네들은 11월을 '모두 다 사라진 것은 아닌 달'이라고 부르기 때문이다.

오후 4시가 되면, 직장인들은 고민을 한다. 퇴근이 얼마 남지 않았으니 넥타이를 풀어버리고 내일로 미룰 것인가 아니면 아직 못다 한 일이 있으니 넥타이를 더 단단히 조여매고 마무리를 잘 할 것인가에 대해서 말이다. 11월이 그 시간대다. 모든 것을 접고 내년을 기약할 것인가 아니면 아직은 12월 한 달하고도 며칠이 더 남았으니 마무리를 잘 할 것인가.

인디언들도 이런 고민을 했던 것이 분명하다. 이때 인디언들의 결단은 빛을 발하고 있으니, 아직 다 사라진 것은 아닌 달이라고 이름을 지으며, 넥타이를 조여매는 쪽을 선택했기 때문이다.

11월 즈음이 되면 이제는 1년이 다 지났다는 생각에 포기하는 일들이 많아지게 마련이다. 그러나 성경은 분명하게 말씀한다.

"포기하지 아니하면
때가 이르매 거두리라"(갈 6:9)

봄이 왔다, 그렇게도 기다리던.

어느 때보다 추웠던 겨울이었기에 봄에 대한 기다림은 더 간절했으리라. 워낙 거친 녀석이었던지라 떠난 겨울이 아쉬울 것도 없고, 그닥 그리울 여지도 없다. 하여, 이번 봄은 이전과 좀 다르게 다가왔다. 간지러운 햇살도, 살금거리는 바람도 그리고 살포시 적시는 비도 얼마나 달콤 쌉싸름하게 다가오는지. 마음까지 따뜻했다. 이즈음, 우연스레 만난 책의 몇 줄이 가슴을 울렸다.

겨울을 겨울의 마음으로 바라보는 것이 당연한 듯해도, 돌이켜보면 그런 시선을 갖지 못한 적이 더 많다. 봄의 마음으로 겨울을 보면, 겨울은 춥고 비참하고 공허하며 어서 사라져야 할 계절이다. 그러나 조급해한들, 겨울은 겨울의 시간을 다 채우고서야 한동안 떠날 것이다. 고통이 그런 것처럼.

-한정원의 '시와 산책' 중에서-

뒤통수를 세게 얻어맞은 기분이었다. 겨울은 겨울 나름 대로 자기의 역할에 최선을 다했을 뿐이란다. 사실 겨울에게 창조주께서 부여하신 사명이야, 온 세상을 냉장고로 만드는 일이 아니던가. 그런데 자기 몫에 충실했던 겨울을 내보내지 못해서 안달이었다니. 겨울에 대한 미안함이 살포시 고개를 든다.

오늘날 지구에서 최고의 문제는, 겨울답지 않은 겨울의 출현이다. 기록적인 폭우가 쏟아지고, 수백 년 동안 눈(雪) 구경 한 번 못하던 사막에 눈이 퍼붓고, 엄청난 바람은 미국의 여러 마을을 쑥대밭으로 만들고, 한 번 붙은 불(火)은 몇 개월 동안 호주를 휩쓸었다. 빙하가 녹아 물에 잠기는 나라가 생겨나고, 기후난민이 될 위기에 처한 사람들의 이야기는 눈물겹다. 근원은 다른 게 아니다. 따뜻해진 겨울의 문제다.

겨울은 겨울이어야 하고, 봄은 봄이어야 한다. 그 나름대로 소중하며 의미 있는 역할을 부여받았을진대, 그들 본래의 정체성을 상실할 때 질서는 무너지고 인류에게는 재앙이 도래하는 것이겠다. 때문에, 지난 겨울에게는 박수를 보내는 것이 마땅하다. 어느 때보다 충실하게 눈을 쏟아붓고 대지를 얼렸으니 말이다. 그리고는, 물러날 때를 아는 겨울이 참 고맙다. 군말이 필요 없다. 감쪽같이 사라져 주는 것이다. 살짝 다녀갈 때가 있긴 하다, 꽃샘 추위라는 이름으로. 애교로 봐주자. 그리고 한 마디 해주자. 애쓰고 수고한 당신, 떠나라고. 그리고 때 되면 다시 보자고.

아쉬운 듯 살짝 다녀가더니, 녀석도 이제는 아예 떠난 모양이다. 남쪽 나라에서부터 울긋불긋 꽃대궐 소식 올라오니, 눈치 빠른 녀석이 판을 깨지는 않으리라.

그러나
계절 셋을 살아내면
녀석은 살그머니
또
고개를 내밀 것이다.
양손에 고드름을 들고 말이다.

봄처럼 시처럼

제2부

일어서면 길이 됩니다

어머니 소풍 오시는 날

일 년에 한 번씩이라도
어머니가 이 땅으로
소풍을 오시면 좋겠다.

그리운 어머니 오시는 날 나는,
어머니 좋아하셨던 것들 준비해 놓고
어머니 가고 싶어 하셨던 곳 모시고 가고

그렇게 하루가 다 지나면
내년에 또 뵙겠습니다
하면서 보내드리고

그럴 수 있다면 얼마나 좋을까?

일 년에 한 번씩이라도
어머니가 이 땅으로
소풍을 오시면 좋겠다.

그렇게 할 수만 있다면
정말
그렇게 할 수만 있다면

내 저주를 다 받으셨던 어머니
내가 질 책임을 다 지셨던 어머니

그 어머니를 부둥켜안고는
얼마나 힘드셨느냐고
덕분에 내가 이렇게 살아있노라고

살아 계실 때 하지 못했던
따스한 그 한마디 말이라도
할 수 있었으면 좋겠다.

"쇠붙이에 그치지 말고 면도날이 되어라." 창의성의 대명사였던 레오나르도 다 빈치의 말이다.

쇠붙이든 칼이든 쇠는 쇠다. 하지만 하나는 야채든 과일이든 손질을 할 수 있는 반면, 다른 하나는 무도 베기 힘들다. 물론 부서뜨릴 수는 있겠지만. 그렇다면 쇠붙이가 칼이 되려면 어떻게 해야 할까. 뭉툭한 쇠붙이를 풀무불에 달군 후 담금질을 거쳐 두드리고 갈아야 한다. 갈고갈아서 날카로워질 때까지 벼려야만 한다. 둔탁한 부분들이 갈려 나가고 날카로워지면서 칼로 재탄생하게 되는 것이다.

그러고 보니 쇠붙이 속에는 이미 칼이 들어있는 것일진대, 처음에 누가 이 일을 상상했을까. 뭉툭한 쇠붙이에 칼이 들어있음을 누가 알아챘겠느냐 이 말이다. 처음으로 이를 발견하고 시작한 사람을 생각해 보았다. 이름을 알 수 없는 그 누군가에 의해 우리는 너무나도 편리하게 칼을 사용하고 있기 때문이다. 물론, 전쟁통에 수없이 많은 사람을 죽이는 용도로도 사용이 되고 있기에 아쉬움은 있다지만, 이름 없는 그 누군가의 상상력은 온 인류를 너무나도 편리하게 만들었다.

오래 전 어느 선배 목사로부터 '어쩜 그렇게도 변함이 없으세요, 는 욕이다'라는 이야기를 들은 적이 있다. 이 말은 보통 나이 드신 어르신들께, 아직도 정정하시네요, 라는 의미를 담아 덕담처럼 하는 이야기인데 이게 어찌 욕이냐고 물었더니, 선배 목사의 말은, 나이가 많든 적든 변함이 없어서는 안 된다는 것이었다. 나이가 들어 비록 몸 상태는 늙어간다 하더라도 다른 영역에 있어서는 달라져야 한다는 의미라고, 이것이 날로 더욱 새로워지는 것이라고. 고개를 끄덕일 수밖에 없었다.

살다 보면 그냥 무덤덤하게 살 때가 있다. 계절의 변화에도 민감하지 못하고 계절 따라 바뀌는 꽃들의 달라짐도 전혀 눈치채지 못할 때가 있다. 아침에 떠오르는 해도 어제의 것과 같고, 저녁노을도 어제의 그것과 같으니 세월이 다 그런 것 아니겠느냐며 혀를 끌끌 찬다면 쳇바퀴 도는 다람쥐와 무엇이 다를까.

우리 민족은 '내일'이 없는 민족이었다고 한다. 과거를 말하는 '어제'도, 현재를 말하는 '오늘'도 순우리말인데, 미래를 일컫는 '내일(來日)'만 순우리말이 아니다. 어릴 때 시골마을에서의 인사는 '밤새 안녕하셨어요?' 이거나 '식사하셨어요?'였던 것을 볼 때, 하루하루 근근이 먹고 살면서 미래를 내다볼 수 없는 인생이 우리 선조들의 삶이었는가 보다. 그러니 앞으로 어떻게 달라져야겠다는 개척이나 창의적인 생각보다 아무 일 없이 평안하기만 하면 되는 삶을 지향했던 것이겠다.

그러나 사람은 어제보다는 오늘이, 오늘보다는 내일이 더 나은 삶을 살아야 한다. 변함이 없는 삶을 복 되다며 지향할 것이 아니라, 한 걸음이라도 더 나아갔음을, 달라졌음을 자랑해야 하는 것이다.

쇠붙이에 머물 것이 아니라,
결국은 면도날을 지향해야 하는 것이겠다.

연필을 깎으며

연필을 깎는다. 살포시 껍질이 벗겨지며 부드럽게 돌돌 말린 나뭇결이 바닥으로 툭 하고 떨어진다. 연필을 깎을 때는 미세한 집중이 필요하다. 날카로운 칼을 도구로 사용하기 때문이며 어떻게든 예쁘게 깎아보고 싶은 작은 욕심 때문이다.

초등학교 1학년 시절 학교에서 연필을 깎다가 집게손가락 끝부분을 베인 적이 있었다. 베인 정도가 아니라 살점이 1cm 이상 떨어져서 겉껍질의 일부분에 겨우 매달려 있는 상태였다. 손가락을 부여잡고 친구들 손에 이끌려 양호실로 갔고, 양호선생님이 쯧쯧거리며 약을 바르고 붕대로 감아주셨던 기억이 아직도 생생하다. 요즘 같으면 열댓 바늘은 꿰매야 하는 상처였는데 당시로서는 그것이 처음이자 마지막 치료행위였다. 달랑거리던 살점은 신기하게도 다시 붙었고 영광스런 상처(?)는 지금도 손가락 끝에 흔적으로 남아있다.

초등학교 고학년이 되던 시절, 어떤 아이들의 집에는

기차모양을 한 연필깎이라는 신기한 물건이 있다는 사실을 알게 되었다. 연필을 끼우고 손잡이를 돌리면 연필이 깎이는, 그래서 손가락을 다칠까 염려하지 않아도 되는 그 물건은 평생 나의 것이 되어보지 못하고 학창시절을 마쳤다.

참 편한 물건이긴 한데 한편으로는 이런 생각이 들었다. 연필깎이 덕분에 손가락은 안전할지 몰라도 아이들 손의 기능은 퇴화하고 있는 것은 아닐까. 편리한 것은 좋은데 이로 인해 정작 미세한 집중력은 떨어지는 것은 아닐까.

소설가 이외수의 글에 의하면, 연필은 볼펜이 부러웠든가 보다. 이렇게 말했다고 한다.

-너는 한 평생 칼질 당할 일 없으니 마음 하나는 편하겠다.
-죽을 때까지 같은 굵기로 발자국을 남길 수 있다니 대단해.
-땅바닥에 아무리 세차게 내동댕이쳐도 심이 부러지지 않는 내공.

그랬더니 이번에는 볼펜이 연필을 보고 부럽다면서 이렇게 말했다 한다.

-저 놈은 깎을 때 마다 향기가 난단 말이야.

-실수를 했더라도 지울 수가 있으니 무슨 걱정이야.

-아무리 나이가 들어도 침을 흘리지 않는 비결은 뭐지?

칼질을 당하는 연필, 그러나 녀석은 독이 아니라 향기를 남긴단다. 연필의 그런 희생과 나눔은 얼마나 교훈적인가. 그러나 최근에는 컴퓨터나 스마트폰에 밀려 연필이든 볼펜이든 하루에 한 번도 거의 손에 잡을 일이 없는 물건이 되어버리고 말았다. 연필은 책을 읽으며 밑줄을 그을 때 종이를 긁으며 내는 사각사각 눈 밝는 소리가 좋아서 자주 사용하곤 하는 물건이다. 자꾸 잡아볼 일이다.

바울은 "친필로 너희에게 문안하노니"(고전 16:21)라고 썼다. 바울의 손에 들려 있던 그 펜을 상상해 본다. 연필이나 볼펜이 없던 시절이니 바울의 손에 들려있었던 것은 잉크를 묻힌 그 언덕 뾰족 도구였으리라. 양피지 두루마리를 긁어 내려가던 그 손놀림이 이천 년을 흘러 우리에게도 전달이 되어 복음을 전하고 있는 것이다.

그 필기도구가

참 고맙다.

『칼의 노래』를 쓴 작가 김훈은 아직도 연필을 사용한 글쓰기를 고집한다. 원고를 청탁하는 신문사나 출판사로서는 연필로 쓰인 글을 다시 컴퓨터로 정리하는 작업이 만만치 않기에 컴퓨터를 좀 배우라 해도 연필에 대한 그 고집을 꺾을 수가 없는 모양이다. 그러다 보니 그의 오른손에는 연필이, 왼손에는 지우개가 늘 들려있다 한다. 한참 글을 써내려가다가 오류를 발견하게 되면 쉽사리 고치고 채워넣는 작업이 쉬운 디지털 세대의 으뜸 주자 컴퓨터에 비해, 쓰던 원고지를 찢어버리거나 지우개로 지우며 다시 써야 하는 작업은 결코 쉬운 작업이 아닐 게다.

그럼에도 불구하고 밀고 나가는 힘, 그리고 그 힘만큼의 작업만을 인정하고 이에 따른 효과가 나타나는 아날로그적인 작업을 작가는 즐기고 있는 것이겠다. 그러고 보니 아날로그는 우직하게 그 길을 고집하며 걸어가는 황소의 걸음이요, 디지털은 법적으로 새치기를 허용하는, 머리 잘 굴리는 이들의 지름길 찾기가 아닐까 하는 생각을 해보았다.

교회의 우체통에는 하루에도 몇 통씩의 우편물이 도착해 있다. 우편물의 겉봉투에 쓰인 우리 교회의 주소는 거의 다 스티커 작업에 의한 것이고, 속내용물도 정형화된 무작위 배포물일 때가 태반이다. 주중에 초대장을 하나 받았다. 본인의 결혼식에 꼭 와주십사 하는 초대장이었는데, 그 초대장을 열어보고는 순간 놀랐다. 친필로 된 몇 글자가 포스트 잇에 적혀 있었기 때문이다. 형식적인 초대의 글 말고 오직 나만은 꼭 초대하고 싶다는, 그동안 자신의 이런 모습이 있기까지 도와주신 모습이 생각난다는 친필 초대의 글을 읽고 읽고 또 읽어보았다. 큰 감동과 함께.

나는 필기도구들 중에서 만년필을 고집한다. 내 손에 들어왔다 사라진 만년필의 수를 다 헤아리지 못할 정도로 녀석과의 인연은 오래 되었다. 만년필을 일컬어 순 우리말로는 '졸졸붓'이라 한다(참고적으로 볼펜은 '돌돌붓'). 잉크가 졸졸 흘러내리면서 글이 써지는 그 맛을 내려놓을 수가 없다. 어떻게든 하루 한 번 이상 만년필을 활용하여 글을 써보려고 노력을 한다. 디지털이 아무리 편한 세상으로 우리를 끌고 간다 하더라도 우리는 아날로그에 대한 향수를 가지고 있는 것이며, 아날로그는 내려놓을 수 없는 그 무언가를 담고 있는 것이리라.

목회자들 나들이가 있었다. 버스가 출발하니 한 사람씩 앉은 자리에서 자신들의 근황을 소개하고는 조용히 목적지로 향하는 중이었다. 대부분은 부족한 잠을 청하고 있었으며, 어떤 분은 창밖을 바라보고 있었다. 그런데 내 앞자리에 앉으셨던 60대 중반의 선배 목사님 한 분이 가방을 뒤적이더니 작은 수첩을 하나 꺼내시는데 가만 보니 영어 단어장이었다.

그 다음 날, 평소에 자주 가던 서점에 들렀다. 눈에 들어온 책 한 권이 있었으니, 고두현의 『옛시 읽는 CEO』였다. 서점 귀퉁이에 선 채로 책을 뒤적이다 보니 옛시 한 수가 눈에 들어온다. 퇴계 이황(李滉)이 64세 때 도산서원에 머물고 있는 그를 찾아온 제자 김취려에게 준 '자탄'이라는 옛시였다.

이미 지난 세월이 나는 안타깝지만
그대는 이제부터 하면 되니 뭐가 문제인가

퇴계 이황이 제자에게 시를 나눌 때의 나이가 회갑을 넘긴 나이였으니 조선시대로 따지면 오래 산 삶이었다. 그러니 당신은 어쩔 수 없겠고 찾아온 제자에게는 너무 어영부영하면서 미적대지도 말고 너무 조급하게 굴지도 말라는, 그저 꾸준하게 해나가면 된다는 인생 선배의 조언은 김취려의 가슴에 새겨졌으리라.

이는 하나님께서 오늘 나에게 들려주시는 음성이 분명하다. 60대 중반의 어른 목사님은 영어 단어장을 꺼내 드시고, 64세의 옛 어른은 나 같은 젊은이에게 '이제부터 하면 되니 뭐가 문제냐'며 격려하고 있으니 말이다.

미적대지도 말고
너무 서둘지도 말고,
조금씩
흙을 쌓아
산을 이루어 보리라.

결국 몰입이구나

　서울대학교 사회학과 송호근 교수의 책을 한 권 읽었다. 주로 학생들을 지도하고 가르치지만 때로 각종 신문에 칼럼을 쓰면서 필력(筆力)을 발휘하는 스타 교수이시다. 이 분이 어느 날 모임을 마치고 노래방에 갔는데 조용필 노래만 주구장창 불렀던가 보다. 동석을 했던 기자가 이를 신기해했고 송교수는 자신이 조용필 애찬론자임을 말했던 모양이다. 실제적으로 송교수의 승용차에는 CD 여섯 장 들어가는 오디오가 있는데 모조리 조용필 노래라고 한다. 틀면 조용필 노래인 셈이다. 그로부터 며칠 후 그 기자로부터 전화가 걸려왔고 신문 칼럼에 조용필에 대해서 한 꼭지 써달라는 부탁을 받게 되었단다.

　망설이다가 썼다는 그의 칼럼을 책을 통해서 읽어 보고는 '달필이구나!' 싶었다. 조용필 노래를 이어붙이면서 인생을 논하고 있는 그의 글은 누가 읽더라도 조용필에게 푹 빠져들도록 만들었다. 조용필도 그 칼럼을 읽었던 모양이다. 그날 오후, 조용필로부터 전화가 걸려왔다. 그리고 둘은 만났다. 식사 자리에서 서로 별 말을 주고받지 못하다가 노래방으로 갔든가 보다. 그리고 송교수는 가수의 왕이라 불리는 조용필 앞에서 조용필 노래를 불러보는 영광(?)을 누리게 되었고, 둘이는 친해졌다 한다. 이후에 조용필은 곡을 써주면서 송교수에게 노랫말을 만들어보라 해서 한 명은 작곡자로 한 명은 작사자로 이름을 올리기도 했다 하니 그 인연이 대단하다. 책 속에 이런 내용이 있다.

> "3만 관중 앞에 서면 떨리지 않나요? 보는 눈이 6만 개나 되는데…" 100여 명 학생 앞에 서면 아직도 호흡이 거칠어지는 나를 슬며시 탓하면서 한 말이다. 답은 의외였다. "몰입하지." 몰입할 수 있는 사람이 있고, 긴장 때문에 목소리가 갈라지는 사람이 있다. '몰입형 인간'은 작곡할 때에도 빛을 발한다. '한 줄기 돌아 흐르는 서러움…'으로 시작하는 〈한강〉을 작곡할 당시 그는 국문학 전공자와 함께 한강 관련 서적을 수십 권 섭렵했고, 한강과 연관된 음조와 가락을 만드느라 몇 개월을 몰입했다고 했다.

이 부분을 몇 번이나 읽어 보았다. 그리고 읽을 때마다 탄성이 절로 나왔다. 가왕은 그냥 만들어지는 것이 아니구나 싶었던 것이다. 결국, 몰입이구나.

말(言)에는 사람의 인격이 들어있다. 말 한마디로 천 냥 빚을 갚기도 하지만 발 없는 말이 천 리를 내달려 말한 이를 곤혹스럽게 하기도 한다. 낮말은 새가 듣고 밤말은 쥐가 듣고 그대로 전했기 때문일 게다. 살다 보니 넘어져서 무릎이 깨진 아픔보다 말로 받은 상처가 더 아플 때가 많다. 아무 생각 없이 내뱉은 말 한마디가 누군가에게는 비수가 되어서 꽂히기도 하는 것이다. 그런 비수를 맞은 사람은 밤잠을 설치고 입맛을 잃어버리곤 할 게 분명하다.

이기주 작가의 『언어의 온도』를 보면, '말도 의술(醫術)이 될 수 있다.'는 말이 나온다. 저자가 어머니의 수술로 인해 며칠간 병원에 머문 적이 있었든가 보다. 그런데 진료 과정에서 의료진이 환자를 부르는 호칭이 다소 낯설게 느껴졌다고 한다. 나이 지긋한 의사가 회진차 병실에 들어왔는데 나이 드신 환자분들을 대하면서 '아무개 환자'라는 호칭 대신 '박 원사님' '김 여사님'이라며 인사를 건네더라는 것이다. 그러려니 하다가 어머니가 퇴원하는 날 담당 의사에게 환자라는 호칭을 사용하지 않는 이유를 물어 보았더니 '환자에서 환(患)이 아플 환이잖아요. 자꾸 환자라고 하면 더 아파요. 게다가 할머니, 할아버지 같은 호칭 싫어하는 분도 많아요. 그래서 은퇴 전 직함을 불러드리죠. 그러면 병마와 싸우려는 의지를 더 굳게 다지시는 것 같아요. 건강하게 일하던 시절로 돌아가고 싶은 바람이 가슴 한쪽에 자리잡고 있기 때문인지도 모르겠어요. 병원에서는 사람의 말 한마디가 의술이 될 수도 있어요.'라고 대답을 하더라는 것이다.

복지관에서 일을 할 때 어르신들 모임의 개강식에는 늘 정치인들이 인사차 다녀가곤 했다. 한 번은 시의원 한 명이 어르신들을 향하여 인사말을 하면서 '할머니, 할아버지'라는 호칭을 사용했다. 한두 번 하고 말았으면 괜찮았는데 인사말을 하는 3, 4분 내내 열 번도 더 그리 언급을 하니 아니나 다를까 어르신들 얼굴 표정이 점점 어두워지는 것이었다. 정작 그렇게 말을 하는 본인도 60대 중반이었는데 말이다. 행사를 마치고 어르신들이 전부 다 한마디씩 하셨다. 버르장머리가 없다고, 싸가지가 없다고 말이다.
경북 예천군에 가면 언총(言塚)이라는 '말 무덤'이 있다고 한다. 달리는 말(馬)이 아니라 입에서 나오는 말(言)을 파묻는 무덤인 셈이다. 이런 무덤이 있다는 소리를 듣고 보니 '기분 나쁘게 들릴지 모르겠지만…' 으로 시작을 했던 쓸데없는 조언과 '너만 알고 있어'라면서 입이 근질거려서 내뱉었던 말들을 파묻지 않고 드러내어 얼마나 상처를 주고 살았는지 후회막급이다. 어떤 말을 하느냐보다 이 말이 그 상황과 그 사람에게 적절하냐가 중요한 요소이겠다.

말이 많으면
실수도 많다 하니
말 많이 하는 사람으로서 꼭 필요한 말이 아니라면
언총에 묻어 두어야지,
사랑하는 사람들 가슴에 묻는 일은 없어야겠다.
다짐 또 다짐!

먼 길 가는 두 사람을 위해
-결혼 축시-

해바라기처럼 늘
무언가를 기다리던 사내가
백합처럼 그렇게
수줍기만 하던 처녀가
이제 꾸려갈 세상은,
소곤소곤 알콩달콩
하늘의 천사들도 부러워 할
소꿉놀이 세상이겠지요

홀로일 때는
그 곱던 햇살도 반만 쏟아지고
밤하늘에 별들도 반만 속삭였는데,
이제 두 사람이 만나서 걷는
이 길에는
더 많은 햇살이 비치고
더 많은 별들이 떠서 엿보는데
그러거니 말거니
행복에 겨워하겠지요

먼 길 가는 두 사람에게
단어 하나만 전할 수 있다면
사랑, 오직 사랑뿐!

이제 둘이 하나 되어
한 지붕 아래에 서면
각자 품고 있던 비밀들이
빗장을 열고
살포시 고개를 내밀게 되느니,
그 날에 못난 것 적나라해지고
부족한 것 훤히 드러날 즈음에
사랑만이, 그 흔한 사랑만이
이겨낼 수 있는 비결이려니
사랑만이, 그 고결한 사랑만이
해답을 알고 있으려니

멋 훗날
아직도 까마득한 먼 훗날
죽음이 그대들을 질투하여
갈라놓을 때까지
오직 사랑으로,
하늘이 그대들을 부르는
마지막 순간까지

오직 사랑으로
두 손 맞잡고 행복하기를,
오늘 맞잡은 그 손
절대 놓지 말기를

땅에 세찬 바람 불고
큰 소나기 쏟아진대도
그대들은 두렵지 않을 것입니다
이제는 사랑하는 사람 하나 있으니

어느 날 몹시 춥고
눈보라 몰아친대도
그대들은 넘어지지 않을 것입니다
이제는 사랑하는 사람 하나 있으니

사랑만이, 오직 사랑만이
두 사람을 비추는 등불이 되리니
사랑만이, 오직 하나님의 사랑만이
두 사람의 앞날에 이정표가 되리니
이 진리를 믿으세요
이 사랑을 믿으세요

무엇보다도 뜨겁게 서로 사랑할지니
사랑은 허다한 죄를 덮느니라(벧전 4:8)

'그냥'의 정겨움

 가끔 어머니로부터 전화가 걸려오는 날이 있었다. 어머니는 늘 이렇게 대화를 시작하셨다. '그냥 한 번 걸어봤다.' 순간 마음이 먹먹해진다. '그냥 한 번 걸어본 전화'가 담고 있는 속마음이 읽혀지기 때문이다. '그동안 전화 한 번이 없길래, 아이들은 잘 있냐? 어디 아픈 데는 없고? 다녀간 지 오래 되었으니 한 번 다녀가렴.' 등등등. '그냥'이라는 이 단순한 두 글자에는 이렇게 많은 의미들이 담겨있었던 것이다. 그렇게 어설픈 대화를 마치고 수화기를 내려놓으면 아무 일도 손에 잡히지 않았다. 뭐가 그리 바빠 일주일이 넘도록 전화 한 번을 못했으며, 계절이 한 번 바뀌도록 찾아뵙지를 못했는가, 손주들 목소리 듣고 싶으셨을 텐데, 아이들 목소리라도 한 번 들려 드릴 걸 하는 다양한 후회를 동반한 죄책감에 시달렸던 기억이다. 문제는 이런 일이 한 번의 후회로 막을 내리고 그 다음부터는 잘했느냐 하면 절망스럽게도 그게 그렇게 되질 않았다는 것이다. 수십 번을 반복하며 살았던 것이며 더 이상은 그 후회를 하지도 못하도록 어머니는 이미 떠나고 아니 계신다.

어디 나뿐이겠는가. 이 땅의 어머니와 아버지들은 누구나 할 것 없이 자식들에게 '그냥 한 번' 전화를 걸어보는가 보다. 이 말 속에는 전화를 받은 자식이 '어머니, 지금회의 중이라 전화 받기 어렵거든요.'라고 해도 '괜찮다. 그냥 한 번 걸어본 거니까'라며 끊을 수 있는 것이니 자식들에게 부담을 주지 않기 위한 방편이구나 하는 생각도 들었다. 걸려오지 않는 전화기를 부여잡고는 '걸어야하나 그만 둘까'를 반복하다가 걸었을 것이 분명한 그 전화의 수화기를 통해 바쁘다는 자식의 목소리를 듣는 것만으로도 만족해야 했던 부모들의 마음을 이렇게 나이 먹으니 어렴풋이 알 듯고 하다.

그냥은 정말 별다른 의미가 없음을 말할 때 사용하는단어다. 그러나 전화선을 타고 들려오는 그냥이 사전적인 의미의 그냥은 아님을 최근에 제대로 알게 되었다. 며칠 전에 교회 청년으로부터 전화가 걸려왔다. '웬일이니?'라고 물으면서 녀석이 무슨 목적이 있어서 전화를 했구나, 생각이 스쳤다. 그러나 청년은 '목사님 보고 싶어서 그냥 한 번 걸어봤어요.' 나도 모르게 튀어나온 말은 '정말?'이었다. 그 청년의 전화가 '진짜 그냥'인 것을 확인했을 때 나의 의심이 얼마나 부끄럽던지 모른다. 그러고 보니, 그냥은 정말이지 그냥은 아니다. 그냥은 오히려더 큰 관심과 사랑의 표현인 것이다.

　대심방을 하던 중 어느 권사님이 하시는 말씀이, 초등학교 아들이 학교에서 상장을 하나 받아왔는데, 상의 제목이 '그냥상'이었단다. '이게 웬 상이냐'고 아들에게 물었더니, 아들이 한다는 소리가 '선생님, 저에게 그냥, 상하나 주시면 안 돼요?'라고 말씀을 드렸더니 선생님이 상장 하나를 만들어서 주셨단다. 상장 위에는 '그냥상'이라는 타이틀을 붙여서. 상장 속의 내용은, '이 학생에게는 그냥 이 상을 주고 싶어서 준다.'였다고 한다.
　이야기를 들으면서 그런 상을 하나 달라고 선생님에게 말을 한 녀석이나, 이런 말도 안 되는 요구를 무시하지 않고 기꺼이 상장을 만들어 준 선생님이나 너무나도 포근해 보여서 이야기를 듣는 내내 마음이 따스했다. 아들은 엄마에게 선생님을 소개하면서 이렇게도 말을 했다한다. 그 선생님을 야구선수로 치자면, 상대 선수들도 박수를 보내서 칭찬할 정도의 선수라고 말이다.

　주님께 기도는 어떤가. 요구 사항이 있고, 긴급한 사항이 있을 때만 하늘을 향해 수화기를 들고 부탁만 늘어놓는다면, 아찔하다. 그냥 아무 이유 없이, 그냥 목소리 한 번 듣고 싶어서, 그냥 한 번 뵙고도 싶은 마음에 그냥 예배의 자리, 기도의 자리에 앉아보면 어떨까.

그냥은
사람에게만 맑음을 선물하는 것이 아니라
하늘 아버지께도 최고의 선물이겠다.

쉼표(,)를 찍으며

티베트에서 온 수행자들이 서울 관광을 했다고 한다. 티베트는 문명의 발달과는 거리가 먼, 아직도 자연 그대로의 모습을 간직하고 있는 히말라야 산맥 위쪽에 자리 잡은 나라다. 그들은 며칠 동안 문명세계를 경험하며 눈이 휘둥그레져 있었는데 특히 아스팔트 위를 하염없이 질주하는 자동차들을 보면서 가이드에게 이렇게 물었다고 한다. "도대체 어디로 저렇게들 달려가는 겁니까?"

『속도에서 깊이로』라는 책을 쓴 윌리엄 파워스는 이제는 제발 속도를 늦추라고 권한다. 그러면서 내적으로 행복하고 충만한 삶, '이게 바로 삶이야!'하며 느끼게 만드는 가장 중요한 요소가 하나 있으니, '깊이'라고 방점을 찍어 강조한다. 하지만 현대인들은 어디로 가는지도 모르면서 전혀 속도를 늦출 생각이 없다. 창세기 11장에 등장을 하는 인간들이 바벨탑을 쌓으며 자기들의 이름을 내자 했다가 결국 무너져 내렸던 그 전철을 오늘날 현대인들이 그대로 밟고 있는 것은 아닌지 두렵기만 하다. 너무나 빠르게 내달리는 시대, 이에 편승하여 현대인들은 누구나 할 것 없이 트랙을 도는 경주마들처럼 헐떡이면서 바쁘다 바쁘다고만 한다.

시인 박성룡은 [쉼표를 찍으며]라는 시에서 이렇게 노래한다.

> 난 요즘 즐겨 쉼표(,)를 찍는다
> 서두르지 않고 잠시 쉬어가기 위함이다
> 헐떡이던 숨소리에 쉼표를 찍고
> 부질없는 생각에 쉼표를 찍고 쉬어가기로 한다
> 하늘을 우러러 쉼표를 찍고
> 땅을 굽어 쉼표를 찍고
> 산과 들 바다를 마주하며 쉼표를 찍는다

오늘날 이 시대가 바로, 쉼표(,)가 필요한 시대가 아닌가 싶다. 오죽하면 하나님께서 안식일을 만드셨겠는가. '얘들아, 좀 쉬엄쉬엄 하렴.' 안식일을 만드신 하나님의 뜻에는 일 욕심에서 좀 벗어나고, 근심에서 좀 멀어지고, 천국에서 누릴 안식을 미리 조금 맛보라는 뜻이 아닐까. 결국, 안식일은 평소에 쉼을 누리지 못하던 이들을 향한 하나님의 측은지심이리라. 빡빡하기만 한 우리네 삶을 좀 헐렁하게 터주는 여백의 미(美)가 주님이 원하셨던 안식에는 들어있는 것이다.

　그렇게 충분히 쉰 들판에서만이 새순이 돋고 푸른 잎이 돋는 것처럼 우리도 쉴 때 쉬어야 싹도 나고 열매도 맺어가는 것이리라. 참 좋은 쉼터이신 예수 그리스도를 소개해 보자.

수고하고 무거운 짐 진 자들아

다 내게로 오라

내가 너희를 쉬게 하리라(마 11:28)

『강아지똥』이라는 동화가 있다. 권정생 선생님이 1972 년에 쓰셨다. 내용을 요약해보면, 강아지 한 마리가 담벼락에 똥을 쌌다. 새들이 와서 콕콕 찍다가 '에이 더럽다, 똥이다.'하고 날아가 버리고, 병아리들이 와서 콕콕 찍어보는데 어미 닭이 '더럽다.'며 데리고 가버린다. 순간, 강아지똥은 '나는 뭐지? 왜 나를 보고는 다들 더럽다며 피하지? 하나님께서는 더럽고 추한 나를 왜 만드셨지, 쓸모도 없는데.' 이런 생각으로 눈물을 흘린다. 그 밤, 하늘에서 민들레 꽃씨 하나가 날아와서 앉고, 둘은 서로에게 꼭 필요한 존재임을 깨닫는다. 봄비가 내리고 강아지똥은 녹아내리고 결국 민들레의 영양분이 되고 꽃으로 피어난다는 이야기다.

이 동화가 너무나도 좋아, 작가인 권정생 선생님을 교회 청년 네 명을 데리고 찾아뵈었다. 그때가 1995년 10월하고도 3일이었다. 선생님은 경상북도 안동에 있는 교회 종지기로 있다가 근처 단칸방에 기거하고 계셨다. 대화가 이어지던 중 선생님이 옆에 앉은 남자 청년에게 이렇게 물으셨다. '자네 아버지는 뭐 하시는가?' '저요? 어릴 때 돌아가셨는데요." 이때였다. 선생님은 그 청년의 손을 지그시 잡더니 눈에서 눈물을 흘리셨다. 선생님은 아버지 없이 자란 그 청년이 얼마나 힘들고 어렵게 자랐을까를 생각하시며 처음 만난 청년의 손을 잡고 함께 울어주셨던 것이다. 남들은 로또가 인생역전이라고 하는데 나는 그 날 그 자리가 인생역전이었다. '어떻게 저럴 수 있지?'라는 생각이 들었기 때문이다. 선생님은 "우는 자들과 함께 울라"(롬 12:15)는 성경 말씀 그대로를 실천으로 옮기며 살고 계셨던 것이다. 그 자리에서 마음에 다짐 하나 섰으니, '나도 평생 손 잡아주는 인생을 살아야겠다'는 것이었다.

이후 성경을 읽어보았더니, 예수님의 치료법에는 '손'이 있었다. 베드로의 장모가 열병으로 고생하는 모습을 보고 예수님은 "나아가사 그 손을 잡아 일으키"(막 1:31)셨고, 나병환자를 보시고도 예수님은 "손을 내밀어 그에게 대시며"(막 1:41) 고쳐주셨다. 누가복음은 예수님의 손길을 분명하게 각인시켜 소개한다. "해 질 무렵에 사람들이 온갖 병자들을 데리고 나아오매 예수께서 일일이 그 위에 손을 얹으사 고치시니"(눅 4:40)라고 말이다. 결국, 예수님의 치료에는 손이 있었다. 그 손길 닿는 곳마다 치유가 일어났으며, 사람들이 살아났다. 권정생 선생님도 예수님으로부터 이 손길을 배운 것이 분명하다.

『작은 사람 권정생』(이기영 저, 단비 출)의 일부를 인용해보면,

> 권정생은 세상이 알아주는 유명한 사람이 되고, 돈이 많아지고, 건강해진다면 좋을 수도 있겠지만 자신만은 그러고 싶지 않았다. 그렇게 되면 잃는 것이 더 많아질 것이라 생각했다. 이름을 날리고 돈이 많아지면 가난한 이웃을 잃을 것이고 건강해지면 병든 이웃을 잃을 것이다. 그는 자신만 병마와 가난에서 탈출하여 이웃을 잃고 싶지 않았다. 아프고 가난한 사람들에게 이야기를 들려주며 위안을 주고 희망을 주고 싶었다. 이야기로 그들의 가슴에 맺힌 것을 풀어주고 싶었다. 가난하고 병든 사람들을 떠나면 그에게 '이야기'는 더이상 없다. 그들과 함께 살며 이야기를 들어주고 들려주는 것이야말로 그가 글을 쓰는 진정한 이유였기 때문이다.

『강아지똥』 이외에도 권정생은 『몽실언니』, 『무명저고

리와 어머니』 등, 평생 결핵을 몸에 달고 사셨기에 불편한 몸이셨음에도 훌륭한 작품을 많이도 남기셨다. 돌아가시며 남긴 유언에는 동화를 팔아 남는 돈이 있으면 아이들 특히 굶주리는 북한 아이들을 위해 써 달라는 것이었다. 선생님의 이름은 한문으로 이렇다.

"正生!"

이 땅에서

가장

바른 삶을 살다 가신 분이라 할 수 있겠다.

곁으로

『곁으로』(새물결플러스)라는 책이 있다. 저자 김응교는, 신학을 전공하셨지만 현재는 주로 책쓰고 대학교에서 학생들을 지도하는 일을 하고 있다. 책을 읽다 보니 이 분의 글 쓰는 방식이 특이하다.

> 내가 낸 책 중에 만족하는 책들은 많이 걸어서 쓴 책이다. 엉겅퀴로 덮여 있는 현장을 찾아가 얻은 영감으로 쓴 글이 진짜 작품이다. 눈물과 웃음이 있는 저망루, 광장, 탄광, 감옥에서 쓴 메모야말로 집필 자료다. 중국 연변 시내 큰 도서관이 아니라, 화장실 문짝이 부서진 연변의 어느 변두리 도서관을 찾아가 구석에 박혀 있는 자료를 찾아 쓴 글이 진짜 글이다. 그러니까 발로 써야 한다. 구두가 몽상을 하고, 구두가 산문을 쓰며, 구두가 시를 쓴다. 생각은 걸으면서 얻고, 문장은 골방의 고독에서 새겨진다.

이력서(履歷書)의 이(履)는 사람이 발에 신는 신발이요,

력(歷)은 지내온 과정이니, 이력서라 함은 발로 밟으며 지나 온 과거의 행적이라 할 수 있겠다. 그런 의미에서 김응교의, 구두가 몽상을 하고 구두가 산문을 쓰며 구두가 시를 쓴다는 말은 진리다.

러시아의 대문호 톨스토이(1828년생)는 쉰 살부터 농민과 노숙인들과 '함께 지내며' 『참회록』(1880)과 『부활』(1899)을 썼다는데 위대한 소설은 그냥 쓰여지는 것이 아닌가 보다. '공부는 머리로 하는 것이 아니라 엉덩이로 하는 것'이라는 말도 있지만 글을 쓰는 사람들은 발로 쓴다는 말이 맞는 것 같다. 김응교는 발로 쓴다는 말을 '곁으로'라는 말로 바꿔서 사용해도 무방하다고 말을 한다.

실제적으로 김응교는 노숙인을 대상으로 문학 강연을 해달라는 당부가 왔을 때 무조건 하겠다고 했다. 노숙인들이 4주간 문학 강연을 듣고 자기 얘기를 글로 써내면, 서울시와 관련 단체가 '민들레 문학상'을 수여하며, 수상한 노숙인들에게는 임대주택이 제공되고, 서울시에서는 일자리를 주는 프로그램이었다. 김응교는 자기가 노숙인들 '곁으로' 가지 않는다면 노숙인들 스스로가, 자신들이 살아온 방식의 한계에 고착될 것을 염려했다는 것이다.

'사회적 영성'이라는 말이 있다. 보통 영성이라 하면 개인적인 신앙의 차원에서만 사용되는 용어라 알고 있지만 사회적으로도 영성의 시각을 가질 필요가 있다는 이론이다. 주변에서 누가 아파하는지, 누가 우울해하는지, 누가 죽어가는지, 누가 극단적인 방법을 선택하기 위해 옥상으로 올라가는지를 볼 수 있는 시각을 가지라고, 그래서 그들이 그렇게 하기 전에 그들 '곁으로' 다가가서 그들의 마음을 어루만져 주고 그들의 고통을 함께 아파해 주며 해결해 주어야 한다고 말씀하는 하늘의 음성을 들을 수 있는 열린 귀와 따뜻한 마음이 있어야 한다는 것이다.

그러고 보니 예수님은 사회적 영성이 깊고도 넓은 분이셨다. 세상 모든 사람들의 귀를 다 모은 것보다 큰 귀를 가지고 계셨으며, 세상 모든 사람들의 가슴을 합친 것보다 더 넓은 가슴을 가진 분이셨다.

예수님은

늘

그렇게

'곁으로' 다가가시는

'이력'을 남기셨던 것이다.

길, 속도가 아니라 방향이더이다.

어느 카페에 앉아 있는데 잠자리 한 마리가 이리저리 헤매는 모습이 눈에 들어왔다. 열린 창문이 없으니 아마도 손님이 문을 열고 들어올 때 함께 들어온 모양이다. 녀석은 밖이 훤하게 보이는 유리창에 계속 부닥쳤다. 아무것도 없는 줄 알고 내달렸는데 무언가 장애물이 있다는 사실을 녀석은 어떻게 받아들이고 있을까.

잠자리는 특이한 눈(目) 구조를 가지고 있다. 툭 튀어나와서 사방팔방을 다 볼 수 있거니와, 그 눈을 세밀하게 살펴보면 낱눈 1만 개 이상이 모여 겹눈 하나를 형성하고 있다는 것이다. 그런데 1만 개의 눈 구조를 지니고 있다는 녀석은 카페에서 밖으로 나가는 길을 찾지 못하고 있었다. 밖으로 나가는 길을 볼 수 있는 한 개의 눈만 있으면 되는데 녀석에게는 그 하나가 없었던 것이다. 결국, 녀석은 지쳤고 기진맥진 창틀에 거의 쓰러지다시피 매달린 녀석을 불쌍히 여긴 손님의 손에 의해 자유를 얻을 수가 있었다.

오늘날은 뭐든지 다 되는 세상이다. 돈만 있으면 뭐든지 다 살 수 있으며, 스마트폰 하나만 있으면 세상 모든 정보를 다 얻을 수 있다. 정말 안 되는 것이 무엇일까, 인류의 과학 문명은 어디까지 가는 것일까, 하는 생각을 하며 한편으로는 아찔했다. 혹여 인류의 이 잘난 문명이 바벨탑은 아닐까, 결국은 무너져 내리는 것은 아닐까.

어느 교회에서 교구를 담당하며 심방을 전담할 남자 전도사를 뽑는데, 이미 그 교회에서 사역을 하고 있던 전도사가 친구 전도사를 담임목사에게 소개하면서 그 전도사는 축구도 잘하고, 음악적인 재능도 있어서 피아노도 잘 친다고 했나 보다. 그랬더니 담임목사 하시는 말씀이 '그런 것들이 심방과 무슨 관련이 있는데'라고 되물으셨다는 이야기를 들었다. 백만 개, 천만 개의 지식이 있어도 정말 필요로 하는 한 가지 지식이 없다면 어찌 되는 것일까.

남아프리카공화국 최초의 흑인 대통령이었던 넬슨 만델라는 이런 말을 남겼다. '우리의 문제는, 힘이 너무 많은 데 있다.'고…. 그렇다. 인류는 가지고 있는 힘이 너무나도 많아졌다. 지구를 쑥대밭으로 만들 수 있는 힘도 있고, 1초 안에 모든 정보를 얻어낼 수 있는 속도도 있다.

중요한 것은 그 힘과 속도를 어디에 쓸 것이냐의 문제이겠다.

속도보다는 방향이 중요하며, 시계보다는 나침반이 중요하다는 말이 있다. 방향, 나는 지금 올바른 목표를 향하여 가고 있는가, 이것이 그 어떤 힘과 속도보다 더 우선되어야 하는 것이리라.

예수께서는 말씀하셨다. "내가 곧 길이요 진리요 생명이니 나로 말미암지 않고는 아버지께로 올 자가 없느니라"(요 14:6) 이 진리, 이 방향을 놓친다면 백만 개, 천만 개의 지식이 아무 소용이 없다는 말씀이렷다.

나머지를 다 모른다 해도
이 진리 한 가지만 붙잡는다면
우리는
구원받기에 충분조건을 가지고 있는 셈이다.

공감의 힘

 초등학생 아이가 학교에서 어떤 다툼 때문에 선생님에게 혼이 났다는 이야기를 집에 오자마자 엄마에게 말했다. 엄마는 자세한 이야기를 들을 생각도 하지 않고 다음부터는 그러지 말라고 한 마디 툭 던지고 말았다. 이후 아이는 방문을 쾅 닫고 자기 방으로 들어가 버렸고 방안에서는 흐느끼는 소리가 들려왔다. 부랴부랴 달려 들어간 엄마에게 아이는 이렇게 말을 했다.

 엄마는 그러면 안 되지. 내가 왜 그랬는지 물어봐야지. 선생님이 무조건 혼내서 얼마나 속상했는데 엄마도 그러면 안 되지, 우선 나를 위로해 줘야지. 그 애가 먼저 나에게 시비를 걸었고 내가 얼마나 참다가 때렸는데. 엄마도 나보고 무조건 그러지 말라고 그러면 안 되지.

 위의 내용은 『당신이 옳다』(정혜신 저)에 등장하는 내용이다. 사람들은 보통 정답을 가지고 있다. 그리고 누구나 바른 말 하길 좋아한다. 그러나 상처 입은 사람들은 바른 말보다 함께 아파해 주는 말을 더 좋아한다는 사실을 아는가.

아이에게 엄마는 먼저 물었어야 한다. 네가 그 아이를 때렸다면 뭔가 이유가 있었을 것이라고, 그 아이가 계속 시비를 걸어와서 얼마나 힘이 들었느냐고, 그랬구나, 그런 것이었구나 하면서 미처 알지 못해서 미안하다고 말을 해주었어야 하는 것이다.

사람을 다시 되살리며 세우는 것은 '바른 말'이 아니다. 사람을 다시 일으켜 세우는 힘은 '공감'에 있다. 그 사람이 가장 아파하는 과녁을 찾아 정확하게 거기를 만져줄 때 밑바닥을 치고 있는 사람이라 할 지라도 살려낼 수 있는 치유제 그것이 바로 공감이다.

바른 말만 있고 공감이 사라진 시대를 일컬어 저자는 '충조평판'의 시대라고 말을 한다. 충조평판이란, '충고, 조언, 평가, 판단'의 준 말이다. 그럴수록 네가 더 열심히 하며 배우려는 자세를 가졌어야지, 네가 너무 예민해서 그런 거 아니니?, 남자는 다 거기서 거기야, 별다른 사람 있는 줄 알아? 등등등. 다 충고하고 조언하며 평가하고 판단하는 말들이다. 다른 말로 하면 바른 말이다. 틀린 말은 없다. 그러나 상대방은 이런 정답을 원하는 것이 아니다. 아픈 마음을 알아달라는 것이요, 쓰다듬어달라는 것이다.

예수님은 간음하다 현장에서 잡힌 여인을 앞에 두고 그녀에게 충고를 하거나 평가하지 않으셨다. 다만 여인을 보듬어 안으셨다. 노동자 일 년 치 분량의 향유를 부은 여인을 향해서도 모두가 아깝다며 바른 말을 할 때도 예수님께서는 조언을 하거나 판단하지 않으셨다. 다만 여인의 행동에 의미부여를 하셨다, 자신의 장례를 미리 준비한 것이라고.

그렇게
예수님은
누구에게나 바른 말보다 공감하셨으며
불쌍히 여기사 품으셨던 것이다.

『말을 듣지 않는 남자 지도를 읽지 못하는 여자』(앨런 피츠, 김영사)라는 책이 있다. 책의 요지는, 전혀 모르는 길을 가면서도, 길을 못 찾아 계속 헤매면서도 거의 모든 남자들은 묻지를 않는단다. 길가에 차를 세우고 지나는 행인에게 묻거나, 가게에 들러 지역 사정에 밝은 주인에게라도 물으면 좋으련만 계속 헤매며 부인에게 핀잔을 듣는다는 것이다. 이에 반해 여자들은 전혀 지도를 읽을 줄 모른단다. 다른 말로 하면 내비게이션을 켜놓은 상태에서도 길 찾기를 어려워한다는 것이다.

부교역자들과 함께 승합차를 타고 어딘가 다녀올 때였다. 어쩌다가 부교역자 중 한 명이 승용차로 서울에 올랐다가 길을 잃고 헤맨 이야기로 분위기가 흘러가더니 너도나도 길을 잃었던 과거의 행적들을 소환해 내며 어찌나 웃었는지 모른다. 본인은 부끄러워서 끄집어내지 못하는데 사모님이 끄집어내기도 하고, 누군가는 본인 스스로 자백을 하기도 했다. 이야기를 들으면서 한 가지 깨

닿게 된 것은, 길을 잃는 것은 여자나 남자나 똑같구나 하는 것이었다. 윤동주의 시 '길'의 1연은 이렇다.

잃어 버렸습니다
무얼 어디다 잃었는지 몰라
두 손이 주머니를 더듬어
길에 나아갑니다

일제강점기 길을 잃은 이 나라 이 민족의 앞날을 걱정하며 안타까움에 쓴 시이리라.

사람의 다른 말은 '길을 나선 이'라 할 수 있겠다. 길이 없다고 길이 보이지 않는다고 그 자리에 그냥 머물러 있기만 하면 안 되는 존재가 사람인 것이다. 그래서 그런지 윤동주는 시의 마지막 연에서 이렇게 끝을 맺는다.

내가 사는 것은 다만
잃은 것을 찾는 까닭입니다

잃었으면 찾아나서야 하는 것이며, 찾다 보면 어딘가 길은 보이게 마련이다. 조희선 전도사는 '길바닥'이라는 간단한 시를 썼는데 전문은 이렇다.

주저앉으면

바닥이지만

일어서면

길이 됩니다

간단해 보이는 넉 줄짜리 시가 던져주는 메시지는 크다. 누구나 길을 잃을 수 있지만, 주저앉으면 그냥 바닥을 사는 것이요, 어떻게든 길을 찾아 걸어가다 보면 길은 열리고 희망이 될 것이라는 말이기 때문에 그렇다.

예수님께서는 자신을 일컬어 "내가 곧 길이요"(요 14:6)라고 말씀을 하셨다. 수고하고 무거운 짐을 지고 주저앉아 있는 이들에게 말씀하셨던 것이겠다.

일어서라고,

걸어보라고,

그렇게 하는 것이 진리라고,

거기에 생명이 있다고 말이다.

일어서서 걷는 이에게

길은 열리는 법이다.

제3부

내가 생각한 교회가 아니야

재생공장 예수

쓸모없다 버려져
끝나는 줄 알았는데
분리하고 모아져
다시 태어나는 것들
보았습니다

재생공장을 통해

손가락질 당하고
온갖 욕먹는 인생들이
다시 태어나는 것도
보았습니다

예수님을 통해

언젠가 우리도
그 공장
다녀온 적 있지요

아-
감사하여라.
재생 전문이신
예수여!

부활주일 아침에

1942년 3월 김교신은 [성서조선]이라는 잡지에 "조와 (弔蛙, 개구리를 애도하며)"라는 글을 썼다. 시대는 일제강점 기였고, 이 글이 일제의 마음을 불편하게 했던 모양이다. 일제는 이 내용을 문제 삼아 '성서조선사건'을 일으켰고, 이를 통해 구독자들까지 수백 명을 동시에 검거하면서 [성서조선]을 폐간시켜 버렸다. 뭐가 그리 불편했는지 일부의 내용을 옮겨본다.

봄비 쏟아지던 날 새벽, 이 바위틈의 얼음도 드디어 풀리는 날이 왔다. 오래간만에 친구 개구리들의 안부를 살피고자 연못 속을 구부려 찾았더니 오호라, 개구리의 시체 두세 마리가 연못가에서 둥둥 떠다니고 있지 않은가! 짐작컨대 지난 겨울의 유난히 추운 날씨에 작은 연못의 밑바닥까지 얼어서 이 참사가 생긴 모양이다. 예전에는 얼지 않았던 데까지 얼어붙은 까닭인 듯. 동사한 개구리 시체를 모아 매장하여 주고 보니 연못 밑에 아직 두어 마리 기어다닌

다. 아, 전멸은 면했나 보다.

일제는 얼어 죽은 개구리들을 조선으로 읽고, 아직 살아있는 개구리 몇 마리를 독립운동으로 받아들였던 것이다. '성서조선사건'을 맡았던 일본 검사는 '너희 놈들은 우리가 지금까지 잡은 조선 놈들 가운데 가장 악질적인 부류들이다. 결사니 조국이니 해가면서 파뜩파뜩 뛰어다니는 것들은 오히려 좋다. 그러나 너희들은 종교의 허울을 쓰고 조선 민족의 정신을 깊이 심어서 백 년 후에라도, 아니 5백 년 후에라도 독립이 될 수 있게 할 터전을 마련해두려는 고약한 놈들이다.'라고 말을 했고, 후에 김교신은 '그때 일본 검사가 보긴 바로 보았거든'이라고 했다는 말이 전해진다.

이미 꽃소식 만발하고 경칩 지난 지 한참이요, 주중에 청명도 있었다. 겨울이 아무리 추웠다 해도 어디선가 개구리 울음소리 들리겠다. 부활이 이 계절 봄에 있음은 축복이다. 가을이나 겨울에 부활을 노래하기는 멋쩍을 것이기에 하는 말이다.

140여년 전 오늘, 부활주일 아침에 언더우드(장로교 선교사)와 아펜젤러(감리교 선교사)는 우리말로 된 성경과 복음을 들고 인천 앞바다 제물포항에 내린다. 그때도 오늘처럼 꽃이 만발하고 개구리들 살아서 펄쩍 뛰었을 것이다. 일제가 아무리 강해도 독립은 왔으며, 겨울이 아무리 강해도 봄에는 꽃과 개구리들이 살아나는 것처럼, 이 땅이 아무리 어둠에 휩싸여 있다 하더라도 봄소식과 함께 구원의 기쁨을 안고 선교사들이 온 것이니 어찌 아니 기쁠까?

다만 복음의 봄을
아직도
깨닫지 못하는 누군가를 슬퍼한다.

사막의 교부들

400년대 혹은 500년대, 이집트, 시리아, 팔레스타인, 아라비아 사막 등으로 오직 예수님 한 분 만나기 위해 떠난 이들이 있었다. 처음에는 한두 사람이었는데 거기에 은혜가 있더라는 소문이 꼬리에 꼬리를 물더니 이후에는 그 수를 알 수 없는 사람들이 사막으로 떠났다. 그들은 수도자가 되어 사막 끝에서 떠오르는 아침해를 호흡하며 하루를 시작하고 사막으로 떨어지는 저녁노을을 마시는 것으로 하루를 끝맺었다. 하늘을 이불 삼고 밤이슬로 목을 축이는 것으로 생명을 유지했으며, 그 수를 헤아릴 수 없는 사막의 모래알을 활자 삼아 하늘 아버지의 뜻을 읽고 배우는 과정을 거쳤다. 이후 이들에게는 '사막 교부(敎父)'라는 별명이 붙게 된다.

『사막 교부들의 금언집』이라는 책을 읽었다. 이 책은 지금으로부터 1,500년 전에 살았던 사막 교부들이 어떤 정신으로 살았는지를 기록으로 남겨놓고 있는데, 몇 가지 예를 들어보면, '그대의 입에서 나쁜 말이 나오지 않도록 하라. 포도원은 가시를 내지 않기 때문이다'라며 입조심할 것을 교훈하기도 하고, '내가 필요하지도 않은 것을 받는 것과, 다른 사람의 것을 그에게 주면서 헛된 칭찬을 받는 것은 수치스러운 일이다'라며 개인적인 욕망을 없이 하라고 권면하기도 한다. 어떤 교부는 사막에서 자주 고통스러워했고 병에 자주 걸리곤 했나 보다. 그런데 그가 일 년 동안 아프지 않게 되자, 몹시 화를 내면서 울더라는 것이다. 다른 교부들이 이유를 묻자 그는 '하나님께서 나를 버리고 찾아오시지 않는구나'라고 말을 했다는 것이다. 그는 아플 때에 더 하나님의 손길을 느꼈던 것이다. 한 교부는 어떤 형제가 죄를 범하는 것을 보고는 비통한 마음으로 울며 '그는 오늘 죄를 범했지만, 나는 내일 죄를 지을 것이다'라고 말을 했다고 한다. 누구나 다 하나님 앞에 죄인일 수밖에 없음을, 오늘 죄를 범한 그나 내일이면 죄인이 되어 있을 나나 별반 다르지 않음을 알았던 것이겠다.

　사막으로 몰려들었던 수도자들이라 해서 다 성공적으로 수도 생활을 했던 것은 아니다. 많은 사람들이 포기하고 다시 돌아갔다. 이를 걱정하는 젊은 수도자에게 교부 중 원로가 남긴 말은 참 교훈적이다.
　'수도자는 토끼를 쫓는 개들을 유심히 관찰해야 한다

네. 어떤 개 한 마리가 토끼를 보고 쫓아가면, 다른 개들은 그 개를 따라가며 쫓지만 조금 달리다가 곧 뒤로 돌아온다네. 오로지 토끼를 본 그 개만이 토끼를 잡을 때까지 쫓아가게 되지. 그 개는 다른 개들이 돌아간다고 해서 자기의 목표에서 돌아서지도 않고, 낭떠러지며 잡목이며 가시덤불에도 아랑곳하지 않네. 가시에 긁혀 살갗이 자주 찢기기도 하지만 중단하지 않는다네. 주님 되신 그리스도를 구하는 자도 마찬가지지. 끊임없이 십자가를 바라보며 십자가에 못 박히신 분에게 도달할 때까지 그가 만난 모든 거침돌을 무시해야 하는 것일세.'

사막 교부들의 말들은,
그 지경이 넓고도 깊은 것이었음을
깨닫는 시간이었다.
그리고 자꾸만 곱씹으며 되새겨보게 했다.

어린 시절, 가을걷이 할 때가 되면 온 마을이 들썩거렸다. 품앗이라 해서 남의 집 벼를 베어주면 며칠 후에 그들이 우리 집 벼를 베어주었다. 초등학교에 다니는 아이들도 논으로 모여들었고 볏단이라도 날랐다. 그렇게 마을 공동체가 살아 있었다.

벼를 벨 때 중요한 도구가 하나 있으니, 낫이다. 벼를 베러 가기 전에 아버지는 집에 있는 숫돌에 시퍼렇게 날이 설 정도로 낫을 가셨다. 10여 분 가까이 숫돌 앞에 쭈그려 앉으신 아버지는 낫을 갈며 수시로 낫날을 엄지손가락으로 살피곤 하셨다.

숫돌은 벼를 베는 논 한 귀퉁이에도 자리하고 있었으며, 벼 베기를 하던 어른들은 수시로 숫돌 앞에 앉으셔서 낫을 가셨다. 당시에 이런 생각을 했던 기억이다. '낫은 쇠로 되어 있고, 벼는 지푸라기에 불과한데, 낫이 무뎌지면 얼마나 무뎌진다고 저렇게 자꾸만 낫을 갈러 나오시지? 일하기 싫으니까 자꾸만 쉬려고 저러시나?'

제대로 된 연장이 더 효율적이라는 사실을 그때는 몰랐

던 것이다. 떠올리며 피식하고 웃었다.

신앙의 영역도 그렇다. 무뎌질 수 있다. 마음이 무뎌진다는 것은 하늘의 소리가 들리지 않는다는 것이요, 찬송을 불러도 감동이 없다는 것이요, 소망 없이 기도한다는 것이요, 말씀을 한 귀로 듣고 한 귀로 흘린다는 것이다. 그러니 무딘 연장으로 낑낑대며 일을 하는 것처럼 인생사가 힘이 든다. 무언가 성취하기 위해 땀을 흘리며 일을 하긴 하는 것 같은데, 힘을 쓰는 만큼의 성과는 없는 것이다.

어떻게 해야 할까? 전도서를 묵상하다 보니, 말씀 하나가 울림을 준다. "철 연장이 무디어졌는데도 날을 갈지 아니하면 힘이 더 드느니라"(전 10:10)라는 이 말씀은 진리다. 손에 들려 있는 연장이 무뎌졌다면 손질을 하고 일을 해야 하는 것은 당연한 이치다. 신앙도 마찬가지이겠다. 자꾸만 신앙의 감각이 무뎌진다 싶으면, 내가 하던 작업을 내려놓아야 한다. 그리고 마음을 벼리기 위해 신앙의 숫돌 앞에 앉아야 하는 것이다.

예수님도 자주 숫돌 앞에 앉으셨던가 보다. "골방에 들어가 문을 닫고 은밀한 중에 계신 아버지께 기도하라"(마 6:6)고 말씀하셨거니와 실제적으로 예수님은 "새벽 아직도 밝기 전에 한적한 곳으로 가사 기도"(막 1:35)하신 적도 있으셨다.

예수님이 말씀하셨던 골방과 친히 찾으셨던 한적한 곳은 예수님의 마음을 벼리는 곳이었다.

잘 풀리지 않는가,
신앙의 숫돌 앞에 앉아보시라.

설교하는 일

주중에 외부에서 두 번 설교할 기회가 있었다. 한 곳은 타지의 한 교회였고, 다른 한 곳은 서울에 있는 방송국이었다. 불러주면 어디든 간다. 사실 불러주는 곳이 있다는 사실이 얼마나 고마운 일인가. 그런데 두 곳의 분위기는 사뭇 달랐다.

주일 오후에 다녀온 교회는, 설교단에 서 있는 30분이 마치 3시간 같았다. 너무나도 힘들었다. 그동안 타 교회나 기관에서 설교할 기회가 여러 차례 있었지만 이렇게 힘든 적이 있었던가, 기억에 없다. 흡사 벽에 대고 설교를 하는 것과 다르지 않았다.

처음 시작은 우리 교회와 똑같았다. '할렐루야!' 그 다음은 당연히 '아멘'이 되돌아와야 순서 아니던가. 그런데 아니었다. 몇 명은 아멘이라고 했던 것도 같다. 그러나 순간, 머릿속을 강타하는 생각, 이건 뭐지? 스멀거리는 불안이 온몸을 감싸는 데는 그리 오랜 시간이 걸리지 않았다. 웃어야 할 예화에 거의 웃지 않았으며(몇 명은 살짝 웃었던 것도 같다), 격하게 고개를 끄덕이며 공감해야 하는 포인트에 고개를 끄덕이는 이도 없었다. 마치 아이들이 노는 방방(트램펄린) 같았다. 말씀을 퉁겨냈던 것이다. 그렇다고 이제 막 시작한 설교를 멈출 수는 없지 않은가. 어찌어찌해서 원고에 충실하게 설교를 마치긴 했는데, 다시는 서지 못할 강단의 경험이었다.

장로교회 전통은 원래 좀 보수적이었다. 찬양을 할 때 박수를 치지 않았으며, 통성으로 뜨겁게 기도하지도 않았다. 그러나 오늘날 교회들은 침례교니, 감리교니 하는 교단의 전통이 거의 사라졌다. 모든 교단의 예배와 찬양 그리고 기도회의 형태가 거의 비슷하다. 그런데 이번에 다녀온 교회는 아직도 장로교의 오랜 전통을 그대로 유지하는 보수적인 교회였던 것이다. 그런데 이를 모르고 무조건 밀어붙였으니 이를 어쩌랴.

주중에 다녀온 방송국 직원들과의 예배는 달랐다. 스펀지 같았다. 50여 명이 앉아 집중을 하는데, 계속 고개를 끄덕이며, 받아 적으며, 아멘을 외치며, 눈망울이 초롱초롱했다. 유머를 가미하면 까르르 웃어주었다. 설교자는 당연히 신이 났다. 그 교회에서 했던 설교나 이곳 방송국에서 한 설교 내용은 거의 똑같았다. 전개하는 방식도 비

숫했다. 그런데 반응이 이리 다를 수가 있단 말인가.

　두 번의 설교를 통해 많이 깨닫고 나를 돌아보는 시간이 되었다. 똑같은 본문과 내용으로 설교를 한다 하더라도, 설교를 듣는 청중의 연령대와 교회의 전통을 살폈어야 했다. 보수적인 교회인지 아니면 그 반대인지, 설교를 듣는 이들이 어른들 중심인지 아니면 젊은 층이 많은지. 하여, 설교 밥상을 죽 중심으로 할 것인지, 피자 중심으로 할 것인지 그 구분을 했어야 했는데….

오호애재라.

아침과 저녁은 순 우리말인데, 점심(點心)은 순 우리말이 아니다. 원래 우리 민족은 두 끼를 먹던 민족이었다고 한다. 그러던 것이 조선 중기 왕실에서, 아침과 저녁 사이에 간식을 먹기 시작을 했다는 것이다. 간식 수준이었기 때문에 '마음에 점 하나를 찍는(點心)' 정도의 양만 먹었던 것이 점심의 기원이란다. 그런데 오늘날은 웬걸, 아침보다 점심을 더 많이 먹는 스타일로 바뀌었다.

어제와 오늘은 순 우리말인데, 내일(來日)은 순 우리말이 아니다. 이것은 또 왜 이런가. 우리 민족은 내일이 없는 민족이었기 때문이란다. 우리네 아침 인사는 주로 '밤새 안녕하셨어요'이거나 '식사는 하셨어요'였다. 잘 먹지 못하고 살며, 밤새 무슨 변고들이 많은 세상에서 살고 있었다는 반증이다. 그렇게 하루 하루를 겨우 버티며 사는 삶이었으니, 내일이 있을 리가 없었으리라.

어린 시절 재미있게 보던 만화영화에 '톰과 제리'라고 있었다. 톰은 고양이요, 제리는 쥐다. 원래 고양이는 쥐의 천적이요, 쥐를 잡는 최고 사냥꾼 아니던가. 그런데 이 만화는 고양이 톰이 쥐 제리에게 늘 당하는 것으로 묘사를 한다. 제리를 쫓던 톰은 걸려 넘어지고, 벽에 부닥치고, 낭떠러지에 떨어지고, 우물에 빠지고…. 불쌍해서 봐 줄 수가 없을 지경이다. 그러다가 나이가 든 톰이 죽어 천국에 가게 되었다. 톰이 없어진 세상은 제리의 것이었다. 고양이 없는 천국의 삶을 맘껏 누리고 있던 쥐 한 마리가 심심해지기 시작할 즈음, 주인이 고양이 한 마리를 사다 놓았는데, 가만히 보니 외형은 톰과 똑같았으니 제리 녀석, 고양이를 놀려줄 생각에 벌써부터 신이 났다.

그런데, 그 고양이는 이전의 톰이 아니었다는 불편한 진실이 문제였다. 눈앞에서 장난질을 하던 제리를 향하여, 파리를 향한 파리채처럼 앞발이 날아갔고, 제리는 그만 납작해지고 만다. 그렇게 숨을 거두면서 제리는 생각을 하게 되는데, 아, 이전의 톰은 나를 잡지 못해서 잡지 않은 것이 아니었구나. 잡을 수 있었는데도 잡지 못하는 척 놀아주었던 것이구나. 이렇게 죽은 제리는 천국에 올라가게 되고, 거기에서 제리가 올라오기만 손꼽아 기다리던 고양이 한 마리를 만나게 되는데, 톰이었다. 가끔 하늘에서 우르릉 쾅쾅 소리가 나는 것은 녀석들이 저 천국에서 뛰어다니며 노는 소리라고 한다. 믿거나 말거나.

점심도, 내일도 없던 민족이요, 겨우 하루 하루 버티던 나라의 백성이었다. 그러나 어느 순간 세상이 바뀌어 풍족하고 넉넉한 세상이 되었다. 그러다 보니 하늘 아버지의 존재도 망각하고 그 앞에서 깝죽거리면서 자기가 지금 무슨 짓을 하고 있는지도 모르는 것 같다. 내리쳐도 벌써 내리칠 수 있으신 분이 참고 기다리시는 은혜를 모르는 체 말이다. 그런 하나님을 우리는 너그러우신 하나님이라 불러야 하리라.

'곤란 중에 나를 너그럽게 하셨사오니'(시 4:1)

이만한 믿음

주일 설교 후 찬송을 부를때 강대상에서 흘린 눈물로 인해 성도들의 반응이 뜨거웠다. 은혜받았다는 문자를 직접 나에게 보내오신 분들도 여럿이었고, 아내에게 '목사님, 무슨 일 있으시냐'고 묻는 분들도 있었으며, 사무실에 이를 물어오는 분들도 계셨다.

주일 설교는 백부장의 믿음과 관련한 설교였다. 로마 사람으로서 장교였던 그를 일컬어 주님은, 아멘이 절로 나올 수밖에 없는 인물이라고, 이스라엘 사람들 중에서는 아직까지 이만한 믿음을 본 적이 없다며 칭찬을 아끼지 않으셨다.

그의 믿음 이야기를, 설교로 풀어내기 위해 몇 번이고 읽고 묵상하면서, 확대되어 큰 글씨체로 눈에 띈 것은 '어떤 백부장의 사랑하는 종'이라는 단어의 집합이었다. 누구보다 충성이었으며 신실했을 것이기에 그 종을 사랑했을 것이다. 그러나 종이 아니던가, 죽을 병에 걸리면 내다 버려도 전혀 문제 될 것이 없던 시대의 종이 아니던가, 하여 걸어 다니는 짐승이라거나 말하는 짐승이라 불리던 부류의 사람들이 아니던가 말이다. 그런데 그런 종을 사랑했단다. 그리고 어떻게든 살리고 싶어서 주님을 찾아왔다는 것이다. 로마 장교의 신분을 가지고 있는 이가, 식민지 지배를 받는 민족의 시골 청년에 불과한 새내기 선지자에게 말이다. 우리 주님은 이 부분을 높이 사셨던 것이고, 이에 믿음의 최고 등급이라는 평가를 하셨던 것이겠다.

설교 준비를 하면서, 아픈 분들 얼굴이 여럿 겹쳤다. 특히 '암'으로 어려움을 겪고 있는 성도들의 이름이 떠올랐고, 여러 차례 설교 준비를 멈추어야만 할 정도로 머릿속이 복잡했다. 종을 향한 저 백부장의 사랑과 성도들을 향한 나의 사랑을 견주어 볼 때 나는, 한참이나 함량 미달이요, 낯이 뜨겁도록 부끄러운 수준이었던 것이다. 그렇게 설교 준비를 하고, 강단에 올라 설교를 마치고, 이후에 찬송을 부르는데, 543장 후렴에서 터지고 말았다. '세월 지나갈수록 의지할 것뿐일세, 무슨 일을 당해도 예수 의지합니다' 찬양을 부르는데, '무슨 일을 당해도'라는 가사가, 무슨 일을 당한 성도들과 겹쳤던 것이다.

성도라 해서 고난이 피해가지 않는다. 사업에 어려움이

있을 수도, 건강에 문제가 생길 수도 있다. 누구에게도 공개할 수 없는 다양한 문제로 인해 밤잠을 설칠 수도 있는 것이다. 그런 의미에서 '날마다 숨 쉬는 순간마다 내 앞에 어려운 일 보네'라는 찬양은 옳다. 예수님은 "하나님이 그 해를 악인과 선인에게 비추시며, 비를 의로운 자와 불의한 자에게 내려주심이라"(마 5:45)고 말씀하셨다. 의인과 악인을 구별하지 않고 똑같은 분량으로 햇살을 비추시며 복을 주시는 분이시지만, 비를 겸하여 주시는 분이 하나님이신 것이다.

어찌할 것인가? '세월 지나갈수록 의지할 것뿐일세, 무슨 일을 당해도 예수 의지합니다.' 그런 의미에서 이 찬송은 진리다. 의지할 것뿐인 세상, 예수 의지하며 가 보는 것, 이것이 바로 '이만한 믿음'을 향한 걸음이라 할 수 있겠다.

진실로 아멘이다.

농담하시는 줄 알았지요
한바탕 웃음으로
모른 체 하려 했었다우

말이 안 되잖여
내 나이 아흔에 아이라니
민망하고 남사스럽고
주책이지 뭐유

그러나
땅의 생각과
하늘의 생각은 다릅디다
달라도 너무 다릅디다

분명한 것은
땅의 한계가
하늘의 한계는 아니라는 것이라우
나를 좀 보소
내 아이 이삭을 좀 보소

나처럼 여러분도

웃을 일이 많았으면 좋것수

사라가 이르되 하나님이 나를 웃게 하시니
듣는 자가 다 나와 함께 웃으리로다(창 21:6)

경쟁(競爭)이라는 말이 있다. '경'과 '쟁'은 비슷한 듯 다르다. 경은 '겨루다'는 의미를 담고 있지만, 쟁은 '다투다'는 의미를 담고 있다. 보통 달리기 같은 경우를 일컬어 경주라고 한다. 경주는 앞만 보고 달린다. 그렇게 순위를 정한다. 100m 달리기나 마라톤 같은 경우일 게다. 이에 반해 쟁은 마주 보고 다툰다. 권투나 레슬링이 쟁이고, 축구나 농구도 쟁이다.

'선의의 경쟁'이라는 말이 있다. 말은 쉽지만 실제에서는 쉽지 않다. 경쟁은 달려서 순위를 정하든, 싸워서 피를 보더라도 내가 이겨야 하는데, 어떻게 선의를 담은 경쟁이 있을 수가 있단 말인가. 그럼에도 메달이나 등수가 매겨지는 것이 아니라면 죽도록 싸울 일은 아니다. 이기려고만 하지 말고 즐기는 쪽을 선택할 수 있다면, 그것이 바로 선의를 담는 경우이리라.

분쟁(分爭)이라는 말이 있다. 나뉘어서 다툰다는 말이

다. 정치판은 여와 야로 나뉘어서 다투고, 그 안에도 계파가 있어서 세밀하게 다툰다. 내 생각과 다른 의견에는 고성과 비속어가 난무하고 손가락들이 허공을 가른다. 이를 바라보는 국민들의 마음이 편할 리가 없다.

분쟁이 세상만의 일은 아니다. 교회에도 분쟁이 있다. 고린도교회를 보라. 고린도교회는 지난 이천 년 역사를 통틀어 교회들에서 일어난 사건사고들의 역대급이라 할 수 있다. 계파가 나뉘고, 교회 내에 음행이 들어오고, 결혼과 관련한 문제가 생기고, 우상에 바친 제물 시식 문제와 바울을 사도로 인정할 수 있느냐는 문제 등 너무 많은 문제들의 백화점이었다. 이럴 거면 차라리 교회 문을 닫으라고 해야 할 정도의 상황이었지만, 오히려 바울은 말한다. 사랑하라고, 그 사랑으로 해결해 보자고 말이다. 그래서 탄생한 말씀이 고린도전서 13장, 사랑장이다.

한국교회에 분쟁이 끊이지 않는다. 해를 넘기면서도 시끄럽고, 해결 기미가 보이지 않을 때 성도들은 계속 떠난다. 남아있는 성도들도 상처투성이다. 그렇게 떠난 이들은 또 다른 교회를 세운다. 어쩌다 이런 일들이 교회 내에서도 그치질 않는가. 내려놓지 않기 때문이다.

간혹 이런 경우들을 본다. 교단과 관련한 어느 자리에

출마를 하고 당선이 되지 못한 사람들이 있다. 낙선을 확인한 순간 그들은 하나같이, 누가 나를 찍지 않았을까를 일일이 확인하는 것을 보았다. 순간, 아연실색했다. 떨어진 것을 확인한 순간 오히려, 이런 생각을 했어야 하지 않을까? '하나님께서 이번에는 나로 하여금 내려놓으라 하시는구나.' 이게 성경에서 말하는 하나님의 방법이다. 개인적으로 나는, 어떤 장(長)에 오르는 자리에 경선의 과정을 거친 적은 없다. 복지기관장이 될 때도, 교회의 담임목사가 될 때도. 참 감사하다. 전적인 은혜다. 그래서 낙선한 이들의 마음을 모르는 것일까?

아무튼 경쟁 시대요, 분쟁도 많은 시대다. 왜 이렇게들 다투는가. 내 생각만이 옳다는 자만 때문이요, 내려놓을 생각이 전혀 없기 때문이다. 역시 성경 속에 답이 있다.

"모두가 같은 말을 하고
너희 가운데 분쟁이 없이
같은 마음과 같은 뜻으로
온전히 합하라"(고전 1:10)

'보시고'의 은혜

태풍은 당연히 큰 바람이라는 뜻의 태풍(太風)이리라 생각을 했다. 그러나 아니었다. 사전을 찾아보았더니, 태풍은 太風이 아니라 颱風이었다. 颱는 '태풍 태'다. 옛 선조들은 땅에서 부는 보통의 바람들과는 급이 다른 엄청난 바람을 구분해서 사용했던 것이다.

이번에 들이닥친 태풍 '카눈'은 특이했다. 중국 쪽으로 비스듬하게 10시 방향으로 가다가, 3시 방향으로 급격하게 꺾어 일본으로 향하는가 싶더니, 다시 북상을 시도해서 12시 방향, 한반도 정중앙을 그대로 훑고 지나갔으니 하는 말이다. 갈 지(之)자 형태라는 말이 딱 맞다. 기후 위기 시대라고 해서 장마철 비의 양도 많고, 감당할 수 없는 폭염의 연속이더니 이제는 태풍도 제 멋대로다.

태풍이 속수무책인 것은 비도 비이겠으나 바람이다. 며칠 전부터 기상예보를 하며 철저대비를 주문하는 오늘날에도 지붕이 뜯겨나가고 차량이 뒤집히는데, 그 옛날 갑자기 들이닥친 태풍은 얼마나 많은 초가집들의 지붕을 날리고, 흙벽돌 집들을 무너뜨렸을까, 더듬어 생각을 해 보니 아찔하다.

사람도 차량도 날려버릴 듯 불어닥치는 바람은 대략난 감이다. 도대체 이런 바람은 어떻게 시작이 되는 것이며, 그렇게 먼 거리를 멈추지도 않고 무슨 동력으로 며칠씩 내달리는 것일까. 녀석이 지날 때마다 훑고 가는 범위는 또 얼마나 큰가 말이다. 한반도의 동과 서를 다 아우르며 으르렁거리니 피할 재간이 없다. 단단하게 고정을 하든 지 숨는 수밖에.

장마 기간에 엄청난 비를 뿌리고, 폭염에 어쩔 줄 몰라 하던 국민들에게 태풍은 첩첩산중 설상가상이다. 깨지고 무너지고, 뽑히고 침수되고, 날아가고 떨어지고, 이 모든 일들이 전국에서 동시다발적으로 벌어졌다. 그렇게 이삼 일을 보내고 세상은 조용하다. 언제 무슨 일이 있었느냐 싶게.

신약성경에는 바다에서 만난 세 번의 풍랑이 등장을 한 다. 하나는 마가복음 4장, 갈릴리 바다가 배경이다. 제자 들은 배웠다. 아무리 큰 풍랑도 예수님 모시고 있으니 안 전하다는 사실을. 그러나 마가복음 6장에서 만난 풍랑은 달랐으니, 예수님이 아니 계신다. 이를 어쩌나. 계실 때는 살았으나 아니 계시니 죽었구나, 싶었다. 그런데 성경은 이렇게 말을 한다. "바람이 거스르므로 제자들이 힘겹게 노 젓는 것을 보시고"(막 6:48)라고. 한밤중이었고 멀리 계신 줄 알았는데 다 보고 계셨다니, 미처 몰랐다. 이를 은혜라 한다. 사도행전 27장에는 로마로 압송되는 바울의 배에 유라굴로라는 이름의 풍랑이 들이닥친 이야기가 나온다. 보름이 넘도록 기진맥진 초주검이 되어 있는 바울에게 주님은 말씀하신다, 두려워하지 말라고.

장마든 폭염이든 태풍이든 자연재해는 언제든 있다. 신앙인이라 해서 비켜가지 않는다. 아브라함도 기근을 피해 애굽으로 갔다 하고, 야곱 시대에 들이닥친 흉년은 모든 가족을 애굽으로 이주시킬 정도였다지 않던가. 결국, 주님 모신 인생의 여정에도 자연재해를 비롯하여 어려움은 있다. 그러나 우리가 확신하는 것 하나 있으니, 보고 계신 주님의 눈길이요, 다가오시는 주님의 손길이다.

그래서
아멘이요,
할렐루야인 것이다.

1.

우리는 예배를 소중하게 여기지만, 나의 예배 점수는 과연 몇 점이나 될까? 예배를 마친 성도는 둘 중 하나의 해방감을 맛본다고 한다. 하나의 해방감은, '아, 끝났다'이고, 다른 하나의 해방감은, '죄로부터 해방되었다'이다. 앞의 해방감은 지루한 설교는 계속 이어지고, 졸며 자며 하는 중에 계속 시계로 눈이 가고, 결국은 축도를 마치고 일어서며 내뱉는 말일 테고, 뒤의 해방감은 예배를 통해 나의 죄성과 이를 생명의 성령의 법이 해방하였음을 느끼는 것이라 할 수 있겠다. 주로 어느 쪽 해방감을 맛보는가?

2.

비슷한 듯 다른 두 단어, 참석과 참여가 있다. 참석은 그 자리에 머물렀던 사람의 머릿수다. 이에 반해 참여는 얼마나 깊이 동참했는가에 대한 것이다. 예배를 마치면 부교역자는 참석인원수를 담임목사에게 보고한다. 담임목사는 늘 그 수가 궁금하고 민감하다. 그러나 하나님께는 예배 참석수가 전혀 의미가 없다. 주님께는 오직 참석자들 중에 과연 몇 명이나 예배에 참여했느냐의 여부가 중요한 것이다. 따지고 보면, 수백 수천 명이 참석한 예배자리라 하더라도 정작 두세 명만 '참여'했을 수도 있고, 단 한 명이 참석한 예배자리라 하더라도 100% '참여'한 예배를 드릴 수도 있는 것이리라. 참석쪽에 가까운가 참여 쪽에 가까운가?

3.

몇 년 전 경기도 어느 식당에 갔다가 잠깐 들른 화장실 벽면에 붙은 읽을 거리에서 본 문장 하나 "콩 심은 데 콩 나고, 팥 심은 데 팥 나고, 안 심은 데 안 난다"를 오래도록 기억한다. 순간, 이 글을 쓴 사람은 천재에 가깝다는 생각을 해보았다. 그렇다. 심은 대로 거둔다는 말이 있는 것처럼, 안 심으면 안 나는 것은 진리다. 신앙적으로는 예배도 심는 것이요, 기도도 심는 것이요, 찬양도 심는 것이다. 신앙의 열매를 거두려면 이런 것들을 심어야 거둘 수가 있다. 안 심으면 당연히 안 나는 것은 당연한 이치이겠다.

주로, '심는' 쪽인가
아니면 '안 심는' 쪽인가?

목사에게 있어서 설교는 건너야 하는 강이다. 쉽사리 건너기도 하지만 자주 그 강에 빠져 허우적거린다. 그러나 반드시 건너야 하겠기에 자맥질을 하면서도 목적지에 이르긴 한다.

때로 설교는 넘어야 하는 높은 산이다. 거뜬하게 오르는 날도 있지만 대개는 기진맥진이다. 산 중턱에서 여기가 정상이라고 외치고 싶어지기도 한다. 그러나 그럴 수는 없는 노릇이다.

설교는 숙제다. 술술 풀리는 날도 있지만 대부분은 하루에도 몇 번씩 머리를 움켜쥐어야만 한다. 숙명이다. 설교는 때로 신기루다. 만져질 듯 자꾸만 멀어진다. 그런 날이면 뜬눈으로 밤을 지새워야 한다.

그러나 설교는 자주 도끼다. 생각지도 못한 순간, 단어 하나가 불현듯 날아와 머리를 가격한다. 그럴 때는 영락

없이 가슴에서 북소리가 울린다, '두둥'하고. 하여, 설교는 신비다. 지나놓고 보면 그분의 뜻대로 되어 있는, 우선 나의 가슴과 이후 성도의 가슴을 뭉클하게 하는 선물 보따리인 것이다.

그렇게 설교와 본격적으로 씨름을 시작한 지 어언 10년이다. 그 설교문들을 다 보관하고 있다. 본문이 겹치는 날에는, 그때는 뭐라고 설교를 했었지, 하며 열어보기도 한다. 그러나 요즘은 거의 열어보지 않는다. 얼굴이 화끈거려서다. 그런 설교를 하면서도 여기까지 올 수 있었던 것은 전적인 은혜요, 그 설교를 듣고도 묵묵히 주일을 지킨 성도들의 인내가 고마울 따름이다.

그렇게 마른 장작에서 기름을 얻겠다며 짜내던 설교는 따뜻한 밥이 되지 못하고 죽을 쑤기 일쑤였다. 그렇게 죽을 쑤고 내려오던 어느 날, '은혜받았습니다'라며 문 앞에서 인사하는 권사님께, '오늘은 제가 죽을 쑤었는걸요'라고 말씀을 드렸더니, '오늘 그 죽이 꼭 필요한 사람이 있었는가 보죠'라며 활짝 웃어주시는 모습에 눈시울을 적셨던 기억이 있다. 그런 성도들이 있어 오늘의 내가 있는 것이다. 고마울 따름이다.

십계명을 받기 위해 시내산에 올랐던 모세의 심정으로 지금 나는, 멀리 산속에 올라와 있다. 매년 연례행사처럼 있는, 다음 해 목회계획 수립을 위한 발걸음이지만 올해는 마음가짐이 다르다. 이제는 담임목회 10년을 넘어서기 때문이다. 복지의 길만 걸어왔던 사람을 담임목사로 불러내시는 하나님의 뜻을 감당할 수 없어 모세처럼 망설였으나, 강권하심에 이끌려 여기까지 왔다. 모세가 십계명 돌판을 품에 안고 그 산을 내려갔던 것처럼 나도, 한 해의 설교를 품에 안고 내려가야만 한다. 물론 큰 그림은 이미 그려왔기에 이곳에서는 세밀함이 필요한 시간이다. 정한 본문의 길이와 넓이를 계속 조율하고, 설교 제목을 놓고는 고민이 더 깊어진다. 제목만으로도 울림이 있고, 머리에 각인이 되어야 하겠기에, 수시로 눈을 감고 묵상하며 단어 하나하나에 마음을 쏟아본다. 형용사와 조사에 이르기까지도.

설교,

참 어렵다.

어려울수록 설교 잘하는 목사이고 싶다.

그리고 그 설교대로 살고 싶다.

예수님처럼.

그리스도마스

크리스마스, 성탄의 계절이다.

오신다는 소망을 품고 기대는 했지만 정말 이런 방식으로 오실 줄이야. 하늘에서 땅으로 내려오신 것도 황송하온대, 왕궁이 아니라 마구간이라니, 더군다나 요람이 아니라 말구유라는 설정은 해도 해도 너무 하셨다. 마구간을 급하게 청소한 들 짐승들의 거처요, 말구유를 아무리 물로 씻어낸 들 말밥통이다. 혹시 천사들이 나타나 조용히 하라며 그 입에 손가락을 가져다 댔는지는 모르겠으나, 말이든 소든 때에 맞춰 조용히 했을 리가 없다. 오히려 자기들의 잠자리가 좁아졌다며 더 나댔을지도 모를 일이요, 대소변을 연거푸 쏟아냈을지도 모를 일이다.

어쩌다가 일이 이렇게까지 되었단 말인가. 사람들의 무관심이 만든 결과다. 여관이 여행객들로 차고 넘친다 하더라도 만삭의 여인이 아니던가. 여관 주인이 양보해줄 사람이 있는지를 알아보기나 했는지 모르겠다. 그러했다면 더더군다나 얄밉다. 그런 제안을 기꺼이 받아들인 사람이 한 명도 없었다니, 기가 막힌다. 그런 환경에서 마리아는 아이를 출산했으며, 그 더러운 공간에 지푸라기를 깔고 핏덩이를 눕혔던 것이리라.

어이하여 오셨는가. 왜 그런 방식을 동원하면서까지 오셔야만 했는가 말이다. '함께'하고픈 마음 하나뿐이었다. 이미 700여 년 전에 '보라 처녀가 잉태하여 아들을 낳을 것이요 그의 이름을 임마누엘이라 하리라'(사 7:14)라며 이사야와 새끼손가락 걸며 하셨던 '함께'의 그 약속을 이루시기 위함이었던 것이다.

그렇게 사람이 되신 주님은, 사람과 정말 '함께' 하셨다. 함께 주리셨고, 함께 목마르셨으며, 함께 피곤해하셨다. 함께 걸으셨고, 함께 아파하셨으며, 함께 우셨다. 사람이 되신 주님은 그렇게, 한 번도 어설픈 사람이길 원하지 않으셨던 것이며, 온전히 사람이길 원하셨던 것이다.

그런데 세월이 흐르고 흘러, 이제는 그날이 잊혀지고 있으며, 퇴색되어지고 있다. 성탄이 누구의 생일인지에 대해서는 관심들이 없는 세상이 되고 말았다. 미국에서 탄생한 유명한 커피업체는, 성탄절을 'HOLIDAY'라 칭하되 'CHRISTMAS'라 하지 않는다. 성탄카드에 아기 예수는 사라지고, 산타가 독차지한지는 이미 오래 되었다. 교회들도 산타잔치는 범람하되 아기 예수는 다 사라지고 말았다. 마치 성탄이 산타의 생일 같이 되고 만 것이다.

'CHRISTMAS'라는 단어 아홉 개의 철자 중에서 여섯 개의 철자(CHRIST)가, 이 날의 주인공이 누구인지를 분명히 한다. 성탄절은 그리스도의 계절이라고. 결국 성탄의 계절은 산타마스도, 사슴마스도, 쇼핑마스도, 커플마스도 아니다. 반드시 '그리스도마스'여야 한다는 사실을 말이다.

우리 서로 힘주어 인사하자.

메리 크리스마스(그리스도마스)라고,

그리스도의 계절이 오게 하자고.

이날의 주인공이 누구인지를 분명히 하면서 말이다.

요한복음을 읽다 보면, 독특한 표현을 만나게 된다. '예수께서 사랑하시는 제자'라는 표현이다. 저자 요한은, 자신의 이름이 들어갈 자리에 자신의 이름 대신 '예수께서 사랑하시는 제자'라는 단어를 사용하곤 했는데, 이 말은 어찌 보면 굉장히 교만한 표현이다. 주님이 어찌 요한만 사랑하셨겠는가. 그런데 요한은, 주님이 어느 누구보다 자기만을 더 사랑한단다. 한편으로 생각해 보면, 이기적인 듯하지만, 신앙의 자세는 이것이 옳다. 주님은 누구보다 나를 더 사랑하신다는 자부심이 아니던가.

요한복음 13장 23절 말씀은 이렇다. "예수의 제자 중 하나 곧 그가 사랑하시는 자가 예수의 품에 의지하여 누웠는지라." 요한은, 다른 어떤 제자도 경험하지 못했던 주님의 품을 경험한 유일한 제자였다. 예수님께서는 자신이 잡히시던 날 밤에, 제자들과 함께 떡과 포도주를 나누며 최후의 만찬을 하고 계셨다. 이런 뜻깊은 밤에 요한이, 예수님의 품에 기대어 누워있더라는 것이다. 장비같이 혈기 왕성한 사내가 예수님의 품에 기대있는 모습이라니, '풋'하고 웃음이 나와야 하는 장면이다.

상상력을 동원해 보라. 요한이 예수님의 품을 파고 들었을 것이다. 주님은 버릇없이 이게 무슨 짓이냐며 꾸지람하지 않으셨다는 것이고, 얼마나 오랜 기간 그렇게 품에 안겨있었는지는 모르겠으나, 한편 얼마나 따스했을까. 얼마나 행복했을까. 주님 품에 기댄 요한은, 주님의 숨결을 느끼며, 주님의 심장소리도 들었음에 분명하다.

이런 체험을 했던 요한은 평생을 두고, 주님 품에 안겼던 그 밤을 잊을 수가 없었으리라. 그래서 요한은 예수님을 떠날 수가 없었던 것이고, 주님의 십자가 밑을 끝까지 지키는 유일한 제자가 되었던 것으며, 예수님의 직계 제자 중 가장 많은 성경(요한복음, 요한1,2,3서, 요한계시록)을 기록한 제자로 역사에 남게 되는 것이다.

이런 경험 때문인지 요한이 기록한 책들의 중심 주제는 온통 '사랑'이다. 주님 품에 안기고 기대어 보니, 하나님이 세상을 이처럼 사랑한다는 것이 무엇인지 온몸으로 체험을 하게 되었던 것이 분명하다. 누구나 사랑 이야기를 쓸 수는 있다. 그러나 체험에서 우러나오지 않는 사랑 이야기는 공허하다. 머리로 짜낸 이야기이기 때문에 그렇다. 그런 의미에서 온몸으로 체험한 이의 사랑 이야기는 얼마나 감동적인가.

그렇게 요한은 자신의 책을 통해, "하나님이 세상을 이처럼 사랑하사"(요 3:16)로부터 시작하여, "사랑하는 자들아 하나님이 이같이 우리를 사랑하셨은즉 우리도 서로 사랑하는 것이 마땅하도다"(요일 4:11)라는 말로 절정을 이룬다. 주님 품을 통해 사랑을 체험했던 그는, 입만 열면 '사랑'을 토해냈던 것이니, 그의 책은 이렇게, 사랑 이야기를 빼고는 읽어내려갈 수가 없게 된 것이다.

하여
우리는
그를 일컬어 '사랑쟁이'라 하는 것이다.

내가 생각한 교회가 아니야.

류시화 시인은 제주도에서 산다. 해변을 거닐다 어느 여성 독자를 만났는가 보다. 쑥스러운 인사를 서로 나누고 헤어지려는 순간, 그녀의 입에서 이런 말이 툭 하고 튀어나왔다고 한다. "그런데 내가 생각한 제주도가 아니예요. 그래서 무척 실망하고 있어요."

최근에 류시화 시인은 책을 한 권 냈다. 제목은, 『내가 생각한 인생이 아니야』다. 위의 여성 독자 이야기는 이 책 가장 앞 장에 자리한 내용이다. 시인은 그 여인에게 이렇게 답을 주었다 한다.

"그런데 왜 이곳 제주도가 당신이 생각한 제주도여야 하죠? 자신의 관념 속 제주도를 확인하기 위해서가 아니라, 있는 그대로의 제주도를 경험하기 위해 한 달이라는 소중한 시간을 내어 이곳에 온 게 아닌가요? 당신이 생각한 것보다 풍경이 너무 평화로운가요, 아니면 견디기 힘들 만큼 변화무쌍한가요? 귤이 너무 시큼한가요, 달콤한가요? 사려니숲길에 사람이 너무 많은가요, 아니면 반복되는 고독이 싫은가요? 만약 당신이 상상한 것에 완벽하게 들어맞는 제주도라면 며칠 못 가서 지루하지 않을까요? 당신의 생각과 기준의 범위를 넘어서기 때문에 더 역동적인 섬이 아닐까요?"

그러면서 시인도 당신의 인생 곳곳에서 묻어 나오는 자기가 생각한 인생이 아니었던 예들을 들어 설명을 덧붙인다.

"그녀만의 문제가 아니다. 내가 처음 인도에 갔을 때 경험한 갈등도 그것이었다. 모든 면에서 내가 상상한 인도가 아니었다. 영적 깨달음을 얻은 사람들이 거리에 넘쳐났는가? 아니다. 걸인과 가짜 수행승이 더 많았다. 갠지스강은 순결하고 성스러웠는가? 아니다, 시체가 종종 떠다녔다. 거리에는 꽃들이 향기를 퍼뜨렸는가? 아니다, 각종 똥이 더 많았다. 조화롭고 지혜로운 이상세계였는가? 아니다, 인간 존재의 부조리함과 혼돈에 머리가 어지러운 세계였다. 눈이 커질 만큼 매혹적인 인도 여성들이 많았는가? 아니다, 내가 상상한 것보다 훨씬 더 많았다!"

그러고 보니, 그렇다. 선을 보려고 나가보면, 내가 생각한 남자(여자)가 아니다. 첫 출근한 직장도 내가 생각한 직장이 아니며, 새로 시작한 사업도 내가 생각한 사업이 아니다. 교회는 또 어떤가, 내가 생각한 교회가 아니며, 내가 생각한 하나님이 아닐 때도 있다. 그래서 많은 사람들이 시험을 받는다.

베드로는 '주는 그리스도시요, 살아계신 하나님의 아들이십니다'라고 금방 고백을 해놓고는, 예수님이 고난을 겪고 죽는다 하시니, 극구 말린다. 자기가 생각한 메시아(구세주)가 아니었기 때문이다. 바리새인들이 볼 때도 청년 예수는 자기들이 생각한 구세주상이 절대 아니었다. 그러니 믿을 수가 없지. 바울도 한 때 십자가에서 죽어갔다는 청년 예수는 저주받은 인간이지 절대 구세주일 리가 없었다.

그러나 어느 순간 베드로는 깨닫는다. 상상 그 이상의 것이 예수님의 이름에 있다는 사실을. 자신의 짧은 생각 속에 주님을 가둬두고 있었다는 사실을. 그래서 그는 성전 앞에 앉아 있던 장애인에게 외칠 수 있었던 것이다. '나는 동전 하나 없지만, 내게 있는 예수 그리스도의 이름으로 명하노니 일어나라'고. 바울도 그렇다. 상상 그 이상의 것이 예수님의 이름에 있다는 사실을 깨닫는다.

그래서 그는 외친다. '나의 나된 것은 주님의 은혜'라고 얼마나 감동적인가. 내 생각과 기준 너머에 그분이 계신다. 눈을 조금만 더 크게 떠보라, 보일 것이니.

"이는 내 생각이 너희의 생각과 다르며
내 길은 너희의 길과 다름이니라
여호와의 말씀이니라
이는 하늘이 땅보다 높음 같이
내 길은 너희의 길보다 높으며 내
생각은 너희의 생각보다 높음이니라"(사 55:8-9)

봄처럼 시처럼

제4부

울림의 소명

성탄의 계절에

고운 햇살 한 줌,
눈꽃 송이 몇 줌,
부를 수 있는 노래 몇 곡
으로 인해

아, 참 좋다

식탁에 놓인 밥 한 그릇,
'솔'음으로 전화를 받아주는 오랜 벗 하나,
오늘 내가 할 일 몇
이 있어

아, 감사하다

성탄의 계절에 다시 오시는 분,
사랑 안고 평화로 거듭 오시는 분,
너는 내 아들이라 불러주시는 분
덕분에

아, 살 만 하다

　도시 건축가 가운데 '김진애'라는 이가 있다. 현재 60대인 그녀는 '알쓸신잡(알아두면 쓸데없는 신비한 잡학사전)'이라는 TV 프로그램을 통해 유명세를 타기도 했지만, 그녀의 특별함은 20대 대학교 시절부터였다. 서울대 공대 800명 동기생들 중에서 유일한 여학생이었다고 한다. 건축은 사내들만의 전유물이라는 생각이 팽배하던 시절 그녀는 수많은 '늑대들'(?) 속에서 여성으로가 아니라 전문가로서 두각을 드러내기 시작을 했던 것이다. 30대엔 미국 MIT 공대 도시 계획 박사로, 40대엔 '타임'지에서 선정한 '차세대 리더 100인' 중 유일한 한국인으로 등재되기도 했으며, 50대에는 국회의원을 한 차례 하기도 했다.

　나의 책꽂이에는 그녀의 도시 관련 책 몇 권이 있다. 최근에도 한 권 구입을 했는데 앞부분에 이런 내용이 있어서 인용해 본다.

　도시에서는 모쪼록 길을 잃어보는 게 최고다. 길을

잃어야 보인다. … 길을 잃어보면 정말 많은 것이 보인다. 우리의 위험 인지능력이 갑자기 풀가동한다. 어디가 안전한지, 어느 쪽이 위험할지, 누가 어디서 갑자기 튀어나올지 파악하려고 모든 촉수를 세운다. … 무엇보다도 평소에 안 쓰던 청각과 후각이 그렇게 예민해질 수가 없다. 나 자신이 마치 한 마리 동물이 된 것처럼 느껴질 정도다. 이렇게 온몸의 감각을 쓰면 그것이 하나하나 자극이 되어 뇌를 가동시킨다.

이제 겨우 열흘 남은 달력이 눈앞에 보인다. 일 년을 마무리하는 때가 된 것이다. 참 빨리도 왔다. 세월의 속도가 나이에 비례한다더니 틀린 말은 아니다. 지난 일 년을 달려오며 누군가는 건강을 잃기도 하고 누군가는 돈을 잃기도 했을 것이며 누군가는 마음에 상처를 받아 사람을 잃기도 했을 것이다. 누군들 나는 잃은 것이 없어요, 라고 말을 할 수 있을까.

잃으면 비로소 보이는 것들이 있다. 탕자처럼 집 떠나 보니 아버지의 사랑이 보이듯이 말이다. 그렇게 길 잃은 백성을 찾아 이천 년 전에 오신 분이 계시다. "너희 중에 어떤 사람이 양 백 마리가 있는데 그 중의 하나를 잃으면 아흔아홉 마리를 들에 두고 그 잃은 것을 찾아내기까지 찾아다니지 아니하겠느냐"(눅 15:4). 그렇게 우리를 찾아 오신 성탄의 계절이다.

무언가를 잃었구나 하며
자각하는 이의 눈에는
그 분이 보일 것이지만
잃은 것이 없다며 기고만장한 이의 눈에는
아무 것도 보이지 않을 것이다.

밤 시간을 이용해 걷는 일은, 이제 소문도 좀 났지 싶다. 지난 겨울은 추웠다. 그러나 영하 15도를 기록하는 날에도 우리 부부의 밤 산책을 멈추게 하진 못했다. 두터운 옷으로 온몸을 감싸고, 모자를 눈썹 아래까지 눌러쓰고, 마스크를 쓰니 외부로는 눈만 보이는 형태였다. 무리하는 것 아니냐며 걱정하는 이들도 있었으나 걸을 만했다. 그동안 몸이 적응한 모양이다. 유등천은 자주 얼어있었다. 얼음 위를 걸은 누군가의 발자국도, 돌을 던진 흔적들도 보였다.

이제 날이 풀리고, 얼음은 녹고 흔적들도 사라진 봄이다. 다시 물소리가 세찬데, 아이들의 재잘거림과 내던졌던 돌멩이들의 둔탁한 소리도 함께 얼었다가 풀린 듯 웅성거리는 소리가 들리는 듯도 하다. 물오리들 보는 재미도 쏠쏠하다. 이제 갓 알에서 나온 것처럼 앙증맞은 녀석들이 자맥질을 하며 물속으로 들어갔다가 다시 솟구칠 때는 신기하기도 하고, 배를 채웠기를 빌며 응원을 보내

본다.

주중에는 오소리를 보았다. 갓 태어난 강아지와 큰 개의 중간 정도 되는 녀석은 물속을 첨벙대며 걷더니 모래자갈 섞인 곳을 느림보로 걸어 사라졌다. 녀석들의 먹이는 무엇일까? 주로 물고기들이려니 하다가 물오리 새끼도? 순간, 생각을 멈추기로 했다.

지난 여름이었다. 유등천을 따라 한참을 내려가다가, 갈대 수풀에 자리한 너구리 가족을 보았다. 어미 애비와 새끼 두 마리였다. 깜깜한 밤이었지만 나는 녀석들과, 꽤나 오래 눈빛을 교환했다. 그로부터 정확히 사흘 후 장대비가 쏟아졌다. 어찌나 많은 비가 쏟아지든지 유등천이 범람하는 줄 알았다. 비가 그렇게 퍼붓던 며칠 내내, 너구리 가족의 생사가 걱정되어 뒤척였다. 며칠 후 다시 나선 산책길에, 그곳을 지날 때마다 저기가 너구리 가족이 있던 곳이라며 아내에게 몇 번을 말했을 정도로 녀석들의 안부는 늘 궁금했다. 안타깝지만 휩쓸렸으리라. 그러던 중 이번 산책에 오소리를 보았으니 어찌나 반갑던지.

인디언 소녀가 친구에게 자기 집으로 오는 길을 이렇게 설명했다 한다.

울타리를 지나서 물길을 따라 올라 고사목이 보이는 곳까지 와. 좀 더 오르면 푸른 나무들이 둘러싸인 곳이 있는데, 거기에서 좀 더 오르면 평평하고 탁 트인 땅이 나오는데, 거기에 우리 집이 있어.

가는 목적지를 입력하면 아가씨가 친절하게 설명을 하고, 그 기계음의 말만 잘 들으면 목적지에 이르는 시대에 인디언 소녀의 길 안내는 참 정겹다. 울타리, 물길, 고사목, 푸른 나무들, 평평하고 탁 트인 땅이라니, 이런 친구 집은 일부러라도 찾아가 보고 싶다.

셰익스피어는 '나무에 혀가 있고, 흐르는 시냇물에 책이 있으며, 돌 속에 설교가 있다'했다. 산책을 하며 이 말이 맞지 싶다. 유독 버드나무들이 많은 유등천은 긴 혀를 내밀고 녀석들이 계속 말을 걸어온다. 시냇물도 조잘대며 지식을 쏟아내는데,

하물며
물오리,
너구리,
오소리는 말해 무엇하랴.

딸을 시집 보내며

첫째가 태어나던 날을 아직도 생생하게 기억한다. 봄꽃들이 수런거리며 다투기 시작하던 삼일절이었다. 휴일이었지만 마침 토요일이었던지라 주일을 준비해야 하는 분주한 날이었다. 저녁노을이 물들기 시작할 즈음, 아내의 진통이 주기적으로 시작되었다. 아니 되겠다 싶어 병원으로 달려간 시간은 오후 6시. 주말이었으니 의사는 퇴근을 했고, 남겨진 간호사들은 자연분만을 제안했다. 진통은 계속 이어졌고, 어머님과 장모님 그리고 남편으로서 나는, 뜬눈으로 산모의 손을 번갈아 잡아가며 안타까워할 뿐 달리 해 줄 수 있는 게 없었다. 그렇게 밤 지나 날이 밝았다.

이제 주일이요, 당시에 교회에서 고등부를 맡고 있었으니 시간(오전 9시)에 맞춰 교회로 향했다. 아내를 남겨놓고 가는 마음이 편치는 않았지만 어쩔 도리가 없었다. 어머니와 장모님께 맡기는 수밖에. 그리고는 정확하게 낮 12시, 예배가 마쳐지는 시간에 병원으로부터 전화가 걸려왔다. 급하다고, 빨리 와 달라고, 수술을 해야 되겠다고.

부랴부랴 달려갔고, 수술실로 향하기 전 아내의 손을 잡고 기도를 해주었다. 아내는 자연분만을 하겠다는 일념으로 무려 18시간의 진통을 견디다가, 결국은 수술을 하게 된 것이다.

그리고 두어 시간이 지났을까? 정신을 차리지 못하는 아내와 마구 울어대는 갓난아이가 동시에 병실로 들어왔다. 사실, 아내가 더 급했다. 손을 잡고 기도하며 나도 모르게 주루루 눈물이 흘렀다. 고생했다고, 대견하다고. 그리고 나서 아이 얼굴로 눈길이 갔다. 내 얼굴을 닮았다고 주장하고픈 녀석이 거기에 있었다. 그 녀석이 시집을 간다.

지나놓고 보니, 아이는 자라면서 부모 곁을 많이도 떠나 있었다. 어린 시절 서울 근교 외할머니 집에서 몇 년간 자라기도 했고, 고등학생이 되면서부터는 서천에 있는 기독교 대안학교에 보내 3년간 떨어져 지내기도 했다. 대학생이 되어서도 대전에 있는 학교가 아니었기에 주로 떨어져 지냈으며, 다니던 학교를 휴학하고 8개월간 라오스 선교지에 다녀오기도 했다. 그리고 대학교를 졸업하고는 얼마 후에 시집을 가는 것이니, 같이 한 집에 머물던 시기나 따로 떨어져 지낸 시기나 엇비슷하다. 육신의 아빠를 많이도 떠나 있었지만, 하늘 아버지께서 또 그렇게 함께 하셨기에 가능한 여정이었으리라. 그 녀석이 이제는 아예 떠난다.

평소에 딸바보라는 소리를 들어서 그런지, 딸을 시집보내는 아빠가 우는지 아니 우는지에 대한 관심들이 참 많다. 내가 울 것이라고 생각하는 이들이 벌써 수십 명은 넘는다. 웃자고 하는 이야기이겠지만 내기를 걸었다는 말도 들린다. 글쎄, 나도 잘 모르겠다. 하도 떨어져 산 기간이 많았기에 별로 울지 않을 것 같긴 하다(이 글을 독자들이 읽고 있는 지금은 이미 판가름이 났겠지만).

울든 아니 울든 그것이 중요한 것은 아니다. 제 짝 만나 둘이 살아갈 날들을 위한 염려와 기대를 하늘에 맡기고 행복을 빌어줄 뿐이다. AS해 달라 소리 없으면 잘 살고 있는 것이려니 하면서, 애비로서 기도하는 것 이외에 다른 무엇이 또 필요할까.

부디,

행복하렴.

페스트

  알베르 까뮈의 소설 『페스트』(1947년 작)는 이렇게 시작을 한다.

> 4월 16일 아침, 의사 '베르나르 리유'는 자기의 진찰실을 나서다가 층계참 한복판에서 죽어 있는 쥐 한 마리를 목격했다. 당장에는 특별한 주의도 하지 않은 채 그 동물을 발로 밀어치우고 층계를 내려왔다

  이 소설은, 아프리카 북서부에 있는 알제리의 '오랑'이라는 도시를 배경으로 한다. 이후에 의사 리유는, 복도에서 피를 토하며 죽은 쥐 한 마리를 또 발견하게 되고, 다음날 병원 복도에서 피투성이가 된 쥐 세 마리를 더 목격하게 되고, 죽은 쥐들을 치운다며 맨손으로 쥐를 잡았던 수위가 괴질에 걸려 죽어 나가게 되는데….

  이렇게 시작하는 소설 속의 인물들을 살펴보면, 의사로서 페스트에 대항하며 사람들을 극진하게 돌보는 주인공 리유, 사람들을 모집해서 의료진들을 돕는 자원봉사자

들, 이 모든 것이 신의 심판이라며 설교하는 성당의 주임 신부, 사회적 거리두기를 해야 함에도 불구하고 성당으로 몰려드는 사람들, 도시가 봉쇄되었다는 소식을 듣고는 어떻게든 빠져나가려고 시도하는 기자, 사람들은 죽어가는데 전염병을 이용해서 오히려 돈을 벌려는 사람들, 가짜뉴스를 퍼뜨려서 사람들을 두려움에 휩싸이게 하는 사람들, 그리고, 몇몇 사람이 죽은 걸 가지고 무슨 대책회의냐며 핀잔과 비웃음을 던지는 정부 관계자 등 소설 속에는 다양한 군상들이 등장을 한다.

소설 속의 페스트는, 끝이 보이지 않는 어둡고 습한 터널이었다. 결코 종식될 것 같지 않던 어느 날, 전염병이 시작된 지 8개월 만에 사라졌던 쥐들이 돌아오고, 자원 봉사자로 활동을 했던 그랑이라는 공무원이 호전이 되고, 소설은 끝이 난다. 약간은 허무하다 싶을 정도로 스스로 정화가 되는 것이다. 페스트가 사라진 것을 감지한 시민들이 거리로 쏟아져 나오는데, 이때의 장면을 소개하며 소설은 끝을 맺는다.

시내에서 올라오는 환희의 외침 소리에 귀를 기울이면서 리유는, 그러한 환희가 항상 위협을 받고 있다는 사실을 상기하고 있었다. 왜냐하면 그는, 그 기쁨에 들떠 있는 군중들이 모르는 사실, 즉 페스트균은 결코 죽거나 소멸하지 않으며, 그 균은 수십 년간 가구나 옷가지들 속에서 잠자고 있을 수 있고, 방이나 지하실이나 트렁크나 손수건이나 낡은 서류 같은 것들 속에서 꾸준히 살아남아 있다가 아마 언젠가는 인간들에게 불행과 교훈을 가져다주기 위해서 또다시 저 쥐들을 흔들어 깨워서 어느 행복한 도시로 그것들을 몰아넣어 거기서 죽게 할 날이 온다는 것을 알고 있었기 때문이다.

아무튼 알베르 까뮈가 소설을 통해 예언한 것처럼, 이후에도 사스, 메르스, 신종플루 그리고 코로나에 이르기까지, 전염성을 가진 녀석들은, 오고 오고 또 왔다. 전문가들은 이야기한다. 전염병이 없는 세상은 없을 것이라고, 코로나의 이 사태는 올해를 넘겨 내년까지 마스크를 벗지 못하게 할 것이라고, 우리는 평생 감기와 살듯이, 코로나와도 평생 살게 될 것이라고 말이다.

그럼에도 불구하고 우리에게는 내려놓을 수 없는 희망이 있으니, "이는 그가 너를 새 사냥꾼의 올무에서와 심한 전염병에서 건지실 것임이로다"(시 91:3)라는 말씀 때문이다.

울림의 소명

'마틴 슐레스케'는 1965년 독일 슈투트가르트에서 태어났다. 일곱 살 때부터 배운 바이올린을 평생 놓지 않은 그는 현재, 뮌헨에서 바이올린 제작 아틀리에를 운영하고 있으며, 이곳에서 제작한 바이올린, 비올라, 첼로는 오늘날 전 세계 유명 솔리스트들과 유명 오케스트라의 수석 주자들의 손에 들려 있다 한다.

그가 쓴 책 『가문비나무의 노래』를 몇 번이나 읽었다. 세계적인 사진작가 '도나타 벤더스'의 바이올린 제작과정 사진이 첨부되어 있기에 쉬운 책처럼 보이지만, 그렇다고 쉽게 넘길 수 있는 책은 아니다. 이 책을 처음 만나던 10년 전, 서울에 심방가는 승합차 안에서 단숨에 읽었을 정도다.

저자는 말한다, 저지대에서 자란 나무는 재료가 되지 못한다고. '울림의 소명'을 받는 나무는 수목 한계선 바로 아래의 척박한 환경을 견딘 나무라고, 그런 환경이 가문비나무에게는 고난이었겠지만 울림에는 축복이라고, 나무는 메마른 땅이라는 위기를 통해서만 단단해지기 때문이라고…. 아, 그렇구나. 견딘 녀석들만의 '힘'이라고 나 할까.

　유튜브를 뒤적여 가끔 듣는 노래 하나가 있다. 임희숙의 '내 하나의 사람은 가고'(백창우 사, 곡)다. 가사의 내용 중에 '등이 휠 것 같은 삶의 무게여'를 들을 때마다, 삶의 고달픔은 왜 넓이나 높이나 부피가 아닌 무게로 표현이 되는 것일까 하는 생각이 들었다. 그것은 삶이라고 하는 것이 전적으로 짐이라 여겨지기 때문일 게다.

　언젠가 TV에서 역도선수들 인터뷰 장면을 보았다. 한 선수에게 기자가 물었는데, "무겁죠?" 싱거운 질문이었다. 선수도 싱겁게 대답을 했다. "무겁죠!" 선수들은 자기 체중의 두세 배에 가까운 무게의 바벨 들었다 놓기를, 하루에도 수백 수천 번 반복한다고 했다. 손목과 허리와 무릎에 의지하여 중력을 거스르는 운동을 하는 선수들에게 그 무거움은 대체 어떤 종류의 것이며 그 운동의 의미는 또 무엇일까?

　선수와 지도자로 40년 이상을 살아왔다는 여자대표팀 감독의 말은 아직도 귓가에 생생하다. "물론 무겁죠. 하지만, 가벼울 때도 있어요. 충분한 훈련과 감정 조절로

몸과 마음의 상태가 좋을 때는 깃털처럼 가볍기도 하답니다."

　단에 오르면 봉밖에는 아무것도 보이지 않고 아무 소리도 들리지 않을 때까지, 그리하여 천근만근의 쇳덩이가 깃털처럼 가볍게 느껴질 때까지, 그들은 버틴다. 침묵과 집중 속에서 자신을 벼리는 것이며, 힘을 내보는 것이다. 들어 올릴 때까지!

　　(상략)

　　들 수 없는 돌은

　　들지 않는 것

　　그것이 진정한 힘이다

　　감당할 수 없는 것은

　　들지 않는 것

　　그것이 진정한 힘이다

　　　　　　　-한명희의 '역도선수' 일부

　수목 한계선 바로 아래의 척박한 환경은 가문비나무가 생존하는 데는 고난이겠지만, 이런 목재가 '울림의 소명'을 받는다 했다. 인생도 그러하여, 등이 휠 것 같은 삶의 무게가 깃털처럼 가벼워지는 때도 있으리라. 견디다 보면, 걸어가다 보면. 그러니 힘을 내보자.

　이런 이들에게 힘이 되어 주시겠다면서 이천 년 전에 오신 분이 계시다. 그분이 하셨다는, 그래서 이제는 식상할 만도 한 말씀이, 오늘따라 새롭다.

"수고하고 무거운 짐 진 자들아
다 내게로 오라 내가 너희를 쉬게 하리라"(마 11:28)

다시

    아버지를 이어 이삭은 가나안에 정착하려 애를 쓰는데, 토박이들의 텃세가 참 모질다. 돌짝 밭 일구며 백 배를 얻었더니 나가란다. 내 땅 한 평 없이 떠도는 인생이니, 어쩌랴.

    참 서럽다. 형 놀부의 나가라는 한 마디에 갈 곳 없는 신세가 되어 저녁노을 바라보며 흘리던 흥부의 눈물과 무엇이 다를까. 하여, 이삭이 기가 막혀, 였을 것이 분명하다. 그런데 거기가 끝이 아니다. 아버지가 팠던 우물을 파서 어떻게든 먹고 살아보려 했더니, 또 쫓겨나고 거듭 쫓겨나고 결국 밀리고 밀려 골짜기 신세가 된다.

    그런데 이삭 이 양반, 참 대단하다. 한 번도 불평이 없다. 가라면 가고 머물 곳 찾으면 멈춘다. 그의 이름처럼 씨익, 웃음 한 번 던지고는 끝이다.

    비결이 뭘까. '다시'라는 단어가 존재한다는 사실과, 이 단어의 사용처와 때를 알았던 것이 분명하다. "그 아버지 아브라함 때에 팠던 우물들을 다시 팠으니"(창 26:18). 쫓겨날 때마다 꺼내 드는 카드 한 장, '다시'. 이보다 거룩한 단어가 또 있을까.

깊은 물 만나도 두려워하지 않는 물고기처럼
험한 기슭에 꽃 피우길 무서워하지 않는 꽃처럼
길 떠나면 산맥 앞에서도 날개짓 멈추지 않는 새들처럼

그대 절망케 한 것들을 두려워하지 만은 않기로
꼼짝 않는 저 절벽에 강한 웃음 하나 던져두기로
산맥 앞에서도 바람 앞에서도 끝내 멈추지 않기로

-도종환, "다시 떠나는 날" 전문-

남유다는 두 가지 불문율이 있었다. 거룩한 백성이니 망하지 않는다는 것과 성전은 무너지지 않는다는 것. 그러나 두 가지가 동시에 틀어졌으니, 나라는 망하고 성전도 불타 없어졌다. 얼마나 기가 막혔을까. 망연자실, 할 말이 없다. 그런 이들을 앞에 두고 예레미야가 눈물로 호소하노니, "여호와여 우리를 주께로 돌이키소서. 그리하시면 우리가 주께로 돌아가겠사오니 우리의 날들을 다시 새롭게 하사 옛적 같게 하옵소서"(애 5:21).

'다시' 시작할 힘을 달라는 것이다. 그러고 보니, '다시'

는 아직 끝이 아니라는 선언이요, 회복의 시작점이다. 황
선하 시인의 "시든 꽃에 반하다"라는 시를 소개하자.

> 시들어가는 꽃을 보면,
> 놀라지 않게 조심스레 다가가,
> 입술에 닿은 깃털의 촉감 같은 목소리로
> "아직 햇빛이 반할 만하오"라고
> 속삭여주어야지

　성경의 그들도 다시 시작했듯이, 코로나의 시대에도 다
시 시작하면 된다. 우는 이도, 주저앉은 이도, 떨어진 이
도, 아픈 이도, 상처 입은 이도, 돈 떼인 이도, 앞이 캄캄
한 이도, 길 나서는 이도, 꿈을 꾸는 이도, 다시, 또다시,
거듭 다시, 시작하면 된다.

> 아직은 햇빛이 반할 만하다고
> 가을 햇살이 속삭이고 있으니.

사랑의 시작

우리 집에 오신 것만으로
주님 얼굴 뵙는 것만으로
충분했거늘

늙은 손이라고
열병에 걸린 손이라고
누구 하나 거들떠보지 않았는데

사랑을 담아
보시고
온기를 담아
만지시니

그 날 내 눈과 마주친
당신의 그 눈길은
사랑이었습니다

그 날 내 손 위에 얹으신
당신의 그 손길은
축복이었습니다

예수 그리스도!
나를 향한 당신의 사랑은
그렇게 시작되었습니다

차고 넘치는 이 잔,
이제 강물 되어
누군가를 찾아나섭니다

누군가를 향한 나의 사랑은
그렇게 시작되었습니다
이제는 나도 사랑입니다

(시몬의 장모에게) 나아가사
그 손을 잡아 일으키시니
열병이 떠나고 여자가
그들에게 수종드니라(막 1:31)

제자리로 돌아가는 풍경

시인과 촌장의 '풍경'이라는 노래를 아시는가. 노래 가사는 꽤나 간단한데, 간단한 그 가사들을 몇 번이고 반복하는 형태를 띠고 있다.

세상 풍경 중에서 제일 아름다운 풍경
모든 것들이 제자리로 돌아가는 풍경(×2)
우 우 풍경(×2)
세상 풍경 중에서 제일 아름다운 풍경
모든 것들이 제자리로 돌아오는 풍경

제자리로 돌아가는 풍경보다 더 아름다운 풍경이 또 있겠느냐며 기타에 맞춰 부르는 노래의 잔잔함과 묵직함에 끌려 몇 번이고 들어보았다.

'제자리'라는 사전적인 의미는 '무엇이 처음에 있던 자리'다. 그런 의미에서 자기가 원래 있던 자리, 있어야 당연한 자리, 그것이 바로 제자리인 셈이다.

물론 제자리라는 단어가 부정적으로 사용될 때도 있긴 하다. '너는 어쩜 그렇게 늘 그 모양이니, 늘 제자리야.' 이럴 때 제자리는 한 걸음도 앞으로 나아가지 못하고 늘 그 모양 그 꼴인 누군가를 타박할 때 사용이 된다.

지나놓고 보니 우리네 인생이 제자리 걸음은 아니었다. 기어 다니던 녀석이, 벽을 짚고 겨우 일어서던 꼬맹이가, 이제는 걷기도 하며 뛰기도 한다. 이후 이렇게 컸고 지경은 넓어졌으며 아는 것도 많아졌으니 제자리는 분명 아니다.

그런데 사람들은, 어느 순간 제자리로 돌아가는 풍경을 그리워한다. 한 걸음이라도 더 나아가고 더 벌어서 풍족해져야 하며 더 많은 지식을 쌓아가면 이보다 더 좋은 일이 없을 텐데, 제자리로 돌아가고 싶다 노래하는 것이다. 어쩐 일일까.

아마 이런 마음일 게다. 마스크를 벗고 마음껏 대화를 나누며 까르르 넘어지기도 하던 풍경, 끼리끼리 모여 밥을 먹고 차를 마시고 산책을 하고 캠핑을 가고 해외여행도 가끔 다녀오곤 하던 풍경, 영화를 보고 친구들 집에도 가곤 하던 풍경, 찬양을 하고 특송을 하고 지하로 내려가 식사를 하고 오후 늦은 시간까지 예배를 드리고 성경학

교나 수련회를 하고 해외선교를 가곤 하던 풍경, 이런 자
리로 돌아가고 싶은 것이다.

모든 것들이

제자리로 돌아가는 풍경,

세상에서 가장 아름다운 풍경이다.

책을 하나 읽고 있는데, 일부를 소개해 본다.

여러분이 취할 자세는 '머뭇거림'입니다. 아무것도 확신하지 마세요. 성급한 결정은 여러분을 돌이킬 수 없는 죽음의 모래언덕으로 이끕니다. 최대한 결정을 늦추며 경우의 수를 전부 따지고 의심할 수 있는 모든 것을 의심하며 걸어가세요. 머뭇거리는 것은 결코 겁이 많거나 용기가 부족한 짓이 아닙니다.

책 쓰기의 기본은 '머뭇거림'에 있다는 소설가 김탁환의 말이다. 서둘러, 생각나는 대로, 무조건 글을 써 내려가지 말라고, 다양한 경우의 수를 다 헤아려보아야 한다고 글쓰기를 시작하는 이들에게 주문을 하고 있는 것이다.

설교도 글쓰기의 일종이다. 새벽 설교든 주일 낮 예배 설교든 원고 없이 한 적은 없다. 성경구절이나 예화의 토시 하나까지, 심지어는 감탄사까지도 전부 다 기록한다. 메모지 같은 종이 한 장에 몇 자 적어서 원고도 없이 설교를 할 수 있는 능력자들(?)도 있다는 말을 들어보긴 했으나 그건 남의 나라 이야기이다. 나는 그런 능력을 아예 가져보지 못했다. 태어나면서부터 말을 하는 일에나 글을 쓰는 일에 젬병이었던 지라(지금이라 해서 좀 나아졌을 뿐 엄청나게 발전한 것도 아니지만) 그런 이들이 한때는 살짝 부러웠던 적도 있었다.

설교 원고를 작성하면서 머뭇거릴 때가 많다. 설교 원고가 진척이 없는 날은 진땀을 빼기도 하고, 어느 날은 설교 원고가 너무 길어져서 떨어내기도 한다. 인용하는 성경구절이나 예화 하나에 이르기까지 결국은, 몇 번의 망설임 끝에 채택이 되기도 하고 떨어져 나가기도 하는 것이다. 조심할 것은, 머뭇거림이 너무 길어지면 안 된다. 어느 정도 멈추어 서서 고민한 결과에 대한 결단이 서면 단호하게 끼워넣기도 하고 잘라내기도 해야 한다. 충분한 머뭇거림과 단호한 결단이라고나 할까. 아무튼 이런 과정을 거쳐 글은 써지고 설교는 가능한 것이다.

이 글을 쓰는 동안에도 몇 번의 머뭇거림이 있었다. 이것도 글이니 어쩔 수 없는 일이다. 다만, 잠깐의 머뭇거림 사이를 비집고 들어오는 좋은 생각, 그것을 잡아낼 수 있는 예지와 능력을 기뻐하는 것이다.

세상 살면서 우리는 수도 없이 머뭇거린다. 길어질 수도 잠깐 찰나일 수도 있다. 다만, 그때마다 주시는 생각이 사람의 생각을 뛰어넘어 하늘의 생각이길 소망하며,

오늘도
주님 곁에서
머뭇거려 본다.
좋은 생각을 주십사 하고.

빨리 빨리?

우리나라 사람들만큼 성질이 급한 사람들이 또 있을까. 외국에 나가보면 식당에서 주문을 받는 사람들 입에서도 한국 사람인 것을 확인하면 '빨리빨리'라고 말을 할 정도다. 이 말을 들을 때마다 우리와 소통하려 하는구나 싶기도 하지만, 성질 급한 우리를 조롱하는 듯하여 씁쓸하기도 하다. '빨리'와 관련한 말들이 이 나라에는 참 많다. 예를 들면 빨리빨리, 잽싸게, 싸게싸게, 냘름, 얼른, 허벌나게, 쏜살같이, 총알같이, 퀵서비스, 총알배송 등등등.

이 글을 쓰는 나도, 나름 '빨리'를 좋아하는 사람 중 하나다. 신호등 기다리는 것이 싫어 조금 돌아가더라도 우회를 선택했으며, 계단을 두 칸씩 오르거나 뛰어서 계단을 내려가던 버릇이 한 때 있었다. 나이가 좀 든 요즘은 되도록 그렇게 하지 않지만.

주중에 책을 한 권 읽었는데, 빨리 내달렸던 삶을 돌아보게 하는 글이었다. 홀로아리랑의 작곡가인 한돌의 글이다.

'천천히'라는 말은 '빨리빨리'의 반대말이 아니다. 무언가 빨리 이루려면 천천히 해야 하기 때문이다. 봉우리에 빨리 오르려면 천천히 올라야 하고 두꺼운 책을 빨리 읽으려면 천천히 읽어야 한다. 세 번 생각하라는 말은 천천히 생각하라는 뜻이고 돌아가라는 말 역시 천천히 가라는 뜻이다. 생각을 천천히 하면 시곗바늘도 천천히 돌고 생각을 빨리 하면 시곗바늘도 빨리 돈다. 빨리 걸으면 더 멀어지고 천천히 걸으면 어느새 도착이다. 실제로 내가 걸어온 길을 뒤돌아보면 지름길이 빠른 길이 아니라 천천히 걸었던 길이 빠른 길이었다.

단순 명쾌하다. 천천히와 빨리빨리를 이리도 깔끔하게 정리할 수가 있단 말인가.

사람들 사이에서 벌어지는 거의 모든 사고는 빠름에서 나온다. 너무 빨리 내뱉은 말 한 마디가 비수로 꽂히고, 이미 빨간불로 바뀐 교차로를 빨리 통과할 요량으로 급하게 들어서다가 사고가 나는 것이다. 급하게 먹은 떡이 체하는 법이며, 땀 흘리지 않고 벌어들이려는 일확천금이 오히려 망하는 지름길이 되는 경우들을 많이도 본다.

'쉼'은 둘 중 하나라고 한다. 하나는, 재충전을 위해 일부러 쉬는 것이고, 다른 하나는, 쉬지 않고 내달리다가 고장이 나서 어쩔 수 없이 쉬는 경우라 할 수 있겠다. 어느 쪽이 아름다운지는 두 말하면 잔소리다. 하늘 아버지께서도 천지창조 이후에 일부러 쉬셨으며, 예수님께서는 제발 좀 쉬자며, 수고하고 무거운 짐 진 자들을 쉼의 세계로 초대하셨다.

이게 진리다.
빨리 즉 속도가 아니라
더디더라도 바르게 갈 일이다.

10여 년 전 세상을 떠난 서강대 장영희 교수는 그의 책 『살아온 기적, 살아갈 기적』에서, 1980년대 초반 미국 유학 시절 이야기를 공개한다. 목발 없이는 한 발짝도 움직일 수 없는 장애의 몸으로 그녀는, 도서관에서 묵직한 전문서적들을 빌리고 반납하기를 수백 번 반복하며 기적적으로 박사 논문을 써낸다. 가제본을 마쳤고, 모든 책과 자료를 도서관에 반납하거나 폐기한 상태였다. 어느 날, 친구 집에서 차를 마시던 중 그 집에 도둑이 들어 친구의 승용차 트렁크를 털어간다. 그녀의 논문 가제본도 함께. 이 사실을 안 그녀는 '논문, 내 논문' 하면서 쓰러졌고 기숙사로 어찌 돌아갔는지 기억에 없다고 전한다. 최악이었고 땅끝이었다. 기숙사 침대에 누워 식음을 전폐하고 있던 다섯째 날, 커튼 사이로 빛줄기 하나가 스며들었고, 그녀는 눈을 떴다. 그리고 어슴푸레 어떤 소리를 들은 것도 같았다. '다시 시작하면 되잖아, 기껏 논문인데.' 그녀는 일어났고 논문을 다시 써냈다. 그녀는 다시 쓴 논문 첫 페이지 '감사의 글'에 논문을 훔쳐 간 도둑에게도 감사를 표했다. 더 좋은 논문을 쓸 수 있었던 것은 그 도둑 덕분이었다고 너스레를 떨며.

'주저앉으면 바닥이지만 일어서면 길이 된다'며 노래한 시인도 있다. 어떤 시보다도 강력했다. 주저앉아 있으면 그대로 바닥이지만, 아직 끝나지 않았다고 외치며 그 바닥을 딛고 일어서면 길이 된다니, 놀랍지 않은가.

성경은 땅끝으로 내몰린 사람들의 이야기로 가득 차 있다. 요셉이 형들에게 팔려 간 애굽은 땅끝이었으며, 유다 백성들이 포로로 잡혀간 바벨론 거기도 땅끝이었다. 38년 된 병자의 땅끝은 베데스다 연못이었다.

성경에서 땅끝 경험 최악을 꼽으라면 당연히, 욥이다. 그러나 거기가 그의 끝은 아니었다. 다시 일어섰으니 말이다. 어떻게 그럴 수 있었을까? "이는 그가 땅끝까지 감찰하시며"(욥 28:24)라는 그의 고백 속에 비밀이 숨어 있다. 거기 땅끝까지 친히 찾아오신 주님을 만났던 것이다. 욥에게만 유독 그리하셨겠는가. 다윗도 땅끝 경험을 했던 모양이다. "내 마음이 약해질 때에 땅끝에서부터 주께 부르짖으리니"(시 61:2). 다윗의 땅끝은 어디였을까? 사울에게 쫓긴 광야 어딘가였을까, 아니면 아들 압살롬의 반란에 쫓긴 어딘가였을까? 아무튼 그도 그 땅끝을 딛고 일어섰고 왕이 되었다. 전무후무한.

'끄트머리'라는 말이 있다. 끝이라는 말과 머리라는 말의 합성어이니, 끝은 끝이 아니라 새로운 시작점이라는 말이렷다. 참 맛깔스런 단어다. 코로나는 인류를 땅끝으로 몰아세웠다. 다들 힘들었다. 지난 겨울은 참 모질게도 추웠다. 그러나 지나놓고 보니 영원한 눈물도, 영원한 비탄도 없다는 것이 진리다.

새로운 시작이 기다리고 있으니,

새봄의 이름으로,

새로운 시작의 이름으로 말이다.

이게 바로 끄트머리의 아름다운 비밀인가 보다.

수요기도회 시간에, '성경 맥잡기'를 하고 있다. 벌써 네 번째 과정이다. 목회를 접는 그날까지 성경 맥잡기는 계속할 예정이다. 왜 그러느냐 하면, 몇 가지 피드백이 나를 고무시켰기 때문이다.

- 주일 낮 예배 설교보다 훨씬 더 좋아요.
- 저는 성경을 열 번도 더 읽었거든요. 그런데 이사야나 예레미야가 무슨 말인지 잘 몰랐어요. 그런데 이제는 다 이해할 수 있어요.
- 맥잡기를 들은 이후 성지를 순례하다 보니, 더 좋은 여행이 되었어요.

교회를 정하지 못하고 순례하듯 하던 분들 중에 수요일 저녁 우리 교회에 왔다가 성경 맥잡기를 듣고는 정착한 분들도 여럿 있다. 그런 의미에서 성경 맥잡기는 계속 되어야 한다.

성경 맥잡기가 몇 가지 면에서 나를 달라지게 했다. 첫

째는, 설교처럼 모든 원고 작성을 해서 읽어내려가는 형태로 전달을 할 수가 없기 때문에 전달하고자 하는 내용의 흐름을 더 확실하게 머릿속에 담고 있지 않으면 삼천포로 빠지거나 헛소리를 할 수도 있다. 하여, 머릿속에 가지런히 잘 담아두는 일도 중요하고, 이를 흐트러짐 없이 잘 풀어내는 일도 참 중요하다.

또 다른 하나의 변화는 지도에 대한 훈련이다. 신학을 공부할 때 '성서지리'라는 과목을 통해 이스라엘을 중심으로 한 주변국 지리에 대해서 배우긴 했지만 이미 다 잊고 있었는데 맥잡기를 위해서는 이스라엘 지도와 친숙해질 수밖에 없었다. 내 책상 앞 벽면에는 커다란 이스라엘 지도 한 장이 붙어 있는데, 바라보는 재미가 쏠쏠하다. 어찌나 자세히 보고 또 보았든지 이제는 이 나라 대한민국보다 이스라엘의 구석구석이 더 친숙할 정도다.

『내가 행복한 곳으로 가라』(김이재 저)는 책이 있다. 지리학자인 저자는 문화·역사적으로 또는 정치적으로 세계를 움직였던 사람들의 '장소 또는 공간'을 소개한다. 그러면서 누구든지 자기를 행복하게 하는 장소를 찾아보라고 권면하면서, 스스로를 행복하게 할 만한 장소를 마음에 두고 있거나 그곳에 머무는 것을 통해 주어지는 행복한 변화를 강조한다. 그기 위해서 우선 지도를 펼치라고, '지리적 상상력'을 발휘해 보라고, 그리고는 가 보라고, 머물러 보라고 말을 하는 것이다.

이 책을 읽으며 '지리적 상상력'이라는 말이 참 좋은 느낌으로 다가왔다. 아브라함, 이삭 그리고 야곱도 전혀 낯선 땅을 상상하며 갔을 것이다. "이 땅을 네 자손에게 주리라"는 약속의 말씀을 부여잡고 지리적 상상력을 했던 것이리라. 모세나 여호수아도 '젖과 꿀이 흐르는 땅'이라는 공간에 대한 지리적 상상력을 했을 것이다. 그리고 그들의 상상은 현실이 되었다.

꿈꾸게 하시고
기대하게 하셨던
이 모든 일들을 통해
그들을 행복으로 이끄셨던 것이리라.

야구와 신앙

미국의 프로야구 시작은 1871년이라 하니, 150여 년의 역사를 자랑한다. 이에 비해 한국 프로야구는, 이제 겨우 40년(1982년 개막)을 넘겼다. 개막 이래 나는 야구를 참 좋아한다. 야구는 몇 가지 면에 있어 신앙의 세계를 닮았는데….

첫째, 야구 감독만이 선수들과 똑같이 행동한다. 축구, 농구 감독들은 거의 다 양복을 입고 있다. 경기장에는 아예 들어가지도 못한다. 이에 반해 야구 감독만이 선수들과 똑같은 운동복을 입고 있으며(모자까지도) 선수(투수)를 격려하기 위해 경기장 한가운데로 직접 들어갈 수 있다. 사람의 모습을 하고는 사람 세상으로 내려오신 예수 그리스도의 성육신을 닮았다.

둘째, 야구 경기에만 희생이 있다. 축구나 농구경기에는 골을 넣도록 배달해주는 어시스트 역할 선수들이 있다. 골을 넣도록 도와주었을 뿐이지 이를 일컬어 희생이라 하지는 않는다. 그러나 야구에는 희생번트가 있다. 누상에 나가 있는 선수를 진루시키기 위해 기꺼이 나를 죽여 희생하는 것이다. 야구에는 불문율이 하나 있다 한다. 홈런 치고 들어온 선수에게는 하이파이브를 하지 않아도 되지만, 희생번트를 대고 들어온 선수에게는 반드시 하이파이브를 해주어야 한다는 것이다. 예수님의 희생을 닮았다. 살리기 위해 죽으신 그 사랑 말이다.

셋째, 야구만이 사람 중심이다. 축구는 선수가 찬 공이 골망을 때리면 한 점이 올라간다. 농구도 마찬가지다. 거의 모든 경기는 공의 위치에 따라 점수가 나는 것이다. 그러나 야구는 다르다. 선수가 홈런을 쳤다 하더라도 그 선수가 1루에서부터 2루와 3루를 거쳐 홈으로 들어오지 않으면 점수가 나지 않는다. 야구는 철저하게 사람 중심 경기인 것이다. 결국, 사람은 내가 처음 떠나왔던 그곳으로 돌아가야 한다. 이 땅에서 아무리 홈런 인생을 살았다 하더라도 제자리로 돌아가지 않으면 안 되는 것이다.

넷째, 야구는 끝날 때까지 끝난 것이 아니다. 이는 야구의 오랜 진리다. 아무리 큰 점수 차이로 지고 있으며, 9회말 투아웃 상황이라 하더라도 경기는 계속되는 것이며, 언제든 뒤집을 수 있다는 희망이 남아있다. 이것이 시간에 구애를 받는 축구나 농구경기와 다른 점이다. 기독교는 말한다, 끝이 끝이 아니라고. 예수님 십자가 한 편 강도를 생각해 보라. 다 끝났다고 생각하던 그 자리는 그의 마지막이 아니었다.

이 땅에서
모든 인생을 마쳤다 해도
우리는
새로운 시작을 꿈꾼다.
이를 일컬어 '소망'이라 한다.

조선 영조 시대 실학자였던 성호 이익(李瀷)에 대한 일화다. 이익은 천문, 지리, 의약 등 다양한 분야에 해박한 지식을 가지고 있었다. 이를 바탕으로 한때 벼슬에 뜻이 있었지만 형이 당쟁의 여파로 희생되는 것을 보면서 벼슬의 뜻을 버리고 평생을 시골 마을에서 농사를 지으며 후학을 길러내는 것으로 만족하며 살았다. 그러다 보니 생활이 형편없었다. 농사를 짓고 특히 닭을 길러야만 했다.

생계를 위해 기르는 닭이었지만 그는 닭을 관찰하기 시작을 했다. 닭의 기본적인 생리를 알아야 더 잘 길러낼 수 있겠다 싶었던 것이다. 이후에 그는 닭에 대한 거의 모든 것을 『할계전(瞎鷄傳)』이라는 책을 통해 기록으로 남긴다. 할(瞎)의 뜻이 '애꾸눈, 소경'이니, 할계전은, '눈 먼 닭의 전기' 정도 되겠다.

이익이 기르던 닭들 중에 외눈박이 암탉이 있었든가 보다. 불쌍하게도 그 닭은 오른쪽 눈이 멀었다. 그나마 성한 왼쪽 눈은 사팔뜨기였다. 그러다 보니 이 암탉의 행동은 둔하고 자연스럽지가 않았다. 우왕좌왕하다가 무언가에 자주 걸려 넘어졌으며 늘 겁에 질려 있었다. 이 외눈박이 암탉도 때가 되자 알을 품었고 새끼 병아리가 깨어났다.

당시 닭은 오늘날처럼 닭장 속에서 기르지 않고 마당에서 자유롭게 길러졌다. 닭들에게는 자유가 주어진다지만 병아리들은 하늘의 솔개, 마당의 개나 고양이의 먹이가 되곤 했다. 물론 위험한 순간마다 어미닭들은 사생결단을 하고 막아섰지만, 6·70퍼센트는 다른 짐승들의 먹이가 되곤 했다 한다.

이익의 생각에 외눈박이 암탉의 병아리는 더 온전하지 못할 것으로 보였다. 그런데 이게 웬일인가. 눈이 잘 보이지 않는 이 암탉은 병아리들이 다 클 동안 단 한 마리의 새끼도 잃지 않았다는 것이다. 어떻게 그럴 수 있었는가 살펴보았더니, 보통의 암탉들은 별로 병아리를 신경 쓰지 않고 먹이를 찾아 마당 밖으로도 다녀오곤 했지만, 이 암탉은 단 한 번도 새끼들 곁을 떠나지 않더라고, 그러면서 자신이 굶을지언정 새끼들을 먹이기에 힘쓰더라는 것이다. 그러했기에 솔개나 개, 고양이가 이 암탉의 병아리들 근처에는 얼씬도 못하더라는 것이다. 그리고 이런 어미의 마음을 알았는지 새끼들은 다른 병아리들보다 더 빨리 먹이 찾는 기술을 습득하더라는 것이다.

예수님께서는 닭을 두 번 언급하셨다. 한 번은 베드로가 예수님을 모른다 부인할 것을 예고하시면서 '닭이 두 번 울기 전에'라고 말씀을 하셨다. 당시 새벽닭의 울음소리는 베드로를 깨우치는 하늘의 소리였다. 다른 한 번은 "암탉이 그 새끼를 날개 아래에 모음 같이 내가 네 자녀를 모으려 한 일이 몇 번이더냐"(마 23:37) 라고 하시면서 백성들을 향한 당신의 사랑이 병아리를 향한 어미 닭의 사랑에 견줄 수 없음을 말씀하셨다.

짐승이든

사람이든

하물며 하늘 아버지에 이르기까지

자식을 향한 사랑은 똑같은 것이다.